MY古典

頼山陽のことば

長尾直茂

公益財団法人 斯文会

はじめに——一幅の肖像画

【図版1】　帆足杏雨画・広瀬旭荘賛「頼山陽像」
文久三年（一八六三）に歿した広瀬旭荘が題賛することから考えて、これより以前に描かれたものであることがわかる。頼家の家紋は「双び瓶子」であるが、山陽は京都に独立したため鹿角の紋「抱角」を用いた。この肖像画の紋所は藤堂蔦であり、これは津藩藤堂家より贈られた羽織を着る晴れ姿を描いたものであろう。『日本肖像画図録』（京都大学文学部博物館、一九九一年刊）より。

一幅の肖像画がある（図版1参照）。脇差《わきざし》を腰に帯びた中年の武士が端座《たんざ》し、右手に扇子を持《じ》している。仙台平《せんだいひら》であろうか茶袴《ちゃばかま》を折り目正しく穿《は》き、丸に蔦《つた》の大紋が五つところに入《い》った羽織を着る、その姿は江戸時代の武士の肖像として、いたって平凡なものである。ただ、そこに描かれた面貌《めんぼう》には何やら見る者を落ち着かない感じにさせるものがある。

端が垂れさがった黒く太い眉、髭剃《ひげそ》りあとが青々と残る頬や口の周囲、強靱《きょうじん》な咀嚼《そしやく》力を想起させる割れた頤《おとがい》など一つ一つのパーツは精悍《せいかん》で覇気《はき》溢《あふ》れる武士の面貌を形作るのにふさわしいものばかりである。しかし一見、この肖像画の人物にそうした武士らしさは認められない。かえって読書人《どくしょじん》特有の神経質で懶《ものう》い感じ、そして気弱で厭世《えんせい》的でありながらも時に瞬発的に激情を発しそうなアンビヴァレンスを見てとることができる。

目尻や広い額、口元に刻まれた皺《しわ》には多年の読書に疲れた知性の残滓《ざんし》が見て取れるであろうし、伏し目がちではあるが一点を見据える眼光と鋭角に筋の通った鼻には意志の強さを読み取ることもできよう。はたまた痩せぎすで、いささか前屈みの姿勢にもまた学究的な匂《にお》いを感じ取ることができるかもしれない。しかしながら、これを見る者に胸をざわつかせるような落ち着かぬ感じを抱かせる要因の大半は、やや開けられた口から覗《のぞ》く白い歯にある。武士らしからぬ少し開いた口元には、堪《た》え忍《しの》んでいたものを、はっと油断して洩《も》らしてしまったかのような、この人の弱さのようなものが自ずと表れている気がする。こうした意味でこの肖像画は、描いた人の並々ならぬ力量を示す大変すぐれたポートレイトであるといえる。

【図版2】　頼山陽書「杏雨邨荘」扁額　款記には「己丑清和月、書于薔薇東軒、為帆足致大兄清鑑」とある。『杏雨餘滴』巻乾の口絵より。

画人《がじん》の名を帆足杏雨《ほあしきょうう》（一八一〇〜八四）という。描かれている人物は、彼の学問上の師匠であった頼山陽《らいさんよう》である。

杏雨は、山陽の歿する一年前の天保二年（一八三一）に入門したと、その年譜（『杏雨餘滴《きょうう よ てき》』巻乾所収）には記してある。時に山陽は五二歳、杏雨二二歳の折のことということになる。しかしながら山陽が筆を揮《ふる》って杏雨に与えた扁額《へんがく》「杏雨邨荘《きょううそんそう》」（図版2参照）の款記《かんき》には「己丑（文政一二年）清和月」とあって、文政一二年（一八二九）四月にさかのぼって両者の関係が始まっていたことが確認できる。よって杏雨は二〇《はたち》歳の頃に上京し、当時すでに盛名のあった山陽に入門したのであろう。当然、郷里の先達で山陽とも交情のあつかった田能村竹田《たのむらちくでん》の紹介があったものと考えられる。知命《ちめい》の年を迎えた山陽の印象は、志学《しがく》の年からそれほど間もない若者には、この肖像画のように刻まれたのである。これがいつ描かれたのかは判然としないが、おそらく杏雨が画人として名を成して以降、山陽の何年忌かに依頼を受けての作であろう。杏雨は若年《じやくねん》の頃を追想しながら画筆を執《と》ったのであろうが、その若き日に胸に刻みこまれた山陽の横顔が、実際の山陽その人のそれと、さほど違ったものであったはずはあるまい。これほどの肖像画をえがく観察力と描写力とを有する人であっただけに。

実際に山陽と会う機会のあった人物の証言もまた杏雨の肖像画が伝える印象と相反《あいはん》するものではない。例えば、少年向けの人物伝『頼山陽』の著作がある三宅青軒《みやけせいけん》の祖父八木芹舎《やぎきんしや》（一八〇五〜九〇）は泮水園《はんすいえん》とも称し、幕末から明治にかけての京都俳壇の領袖《りようしゆう》ともいえる俳人であった。その芹舎が若い頃―やはり杏雨ほどの年頃のことであろう―晩年の山陽を宴席で見かけた折の印象を、孫の青軒に次のように語っている。

われ（＝青軒）幼時 之を祖父なる故泮水園芹舎翁に聞けり。或る年の秋なりき。梁川星巌《やながわせいがん》 東川端《ひがしかわばた》に家を求めて、其新宅の披露傍観月《かたがた》の宴を開き、都下の文人を会《かい》せしことありしに、山陽も招かれて来《きた》り、われ（＝芹舎）も招かれて往きぬ。

山陽という名は聞き居れど会うは初めてなり。此時《このとき》わが発句《ほっく》先ず成りて、「名月や昼見たままの東山」と記し、これを諸文人に示《しめ》せしかば、伝え伝えて、銘々《めいめい》が空々しく賞《ほ》むるなかに、山陽一人はニコリと笑《わろ》うて点頭《うなづい》たまま、おのれは酒ばかりガブガブ飲みて、始終無口なりき。山陽という男 何やらむッつりと六《む》ずかし気なる人物なりしと語られたり。

（三宅青軒『頼山陽』第三回所収。博文館、明治二六年刊）

この「おのれは酒ばかりガブガブ飲みて、始終無口なりき」という山陽像と杏雨描く所のそれとに違和感はあるまい。また、「むッつりと六ずかし気なる人物」という印象批評は、杏雨の肖像画の人物にこそふさわしい。

「才を恃《たの》みて傲慢《ごうまん》なり」という山陽像も伝えられている（後述、129ページ参照）。才におごって傲慢であるというのであるが、確かにこの肖像画に描かれた山陽は、ふんと鼻を鳴らしてそっぽを向きそうな雰囲気を有している。それがおそらく身内に秘めた羞恥心《しゅうちしん》や臆病心《おくびょうしん》を悟られまいとする裏返しの仕種《しぐさ》であったにしろ、他人には粗略で傲慢な態度と写ったことであろう。

　このように、一幅の肖像画が私に様々な想像をさせ、またこの肖像画の人物について考えさせたのである。その意味で、この肖像画があって、はじめて〝頼山陽〟という人物が私の脳裡《のうり》で一つの具体的な像を結んだといえる。それが現実の山陽の像と一致するのかどうか、私は知らない。しかし、少なくとも私がその著作を通じて知る山陽像と、この画中に描かれた人物の印象とが齟齬《そご》しないことは、これまで述べてきた通りである。

【図版３】　東山義亮画・宮原節庵録「頼山陽像」　肖像画は、山陽が歿する直前の天保３年８月に描かれた。門人の宮原節庵が、山陽作の賛二首を題書している。『山陽頼先生百年祭 記念遺墨帖』（頼山陽先生遺蹟顕彰会、昭和８年刊）より。

ちなみに山陽像として、日本史の教科書等にも登場する有名な一幅（図版3参照）はこれとは別のものである。

三世大雅堂となった東山義亮《ひがしやまぎりよう》の筆になるもので、山陽が歿する直前に描かれた作品である。喀血《かっけつ》の後に描かれたためか、衰弱や窶《やつ》れが面貌にあらわれて日頃の表情とは異なるらしいが、「その顴《かん》（＝ほお骨）、やや高く、頬は、やや削ぎ、面は（横に）やや広うして（顔の長さは）短し」（野本猾庵《のもとけんあん》評）と描出された山陽の風貌の特徴は、よく備えているとされる。しかしこの肖像画に描かれる人物の眼光は余りに鋭く、その圭角《けいかく》が表にあらわれ過ぎてはいないか。病中の肖像であるからやむを得ないことではあろうが、その病的なところがいささか前面に出すぎてしまっている感を抱く。それゆえか、残念ながらこの肖像画の頼山陽は、私に余り多くのことを語ってはくれなかったのである。

さて、本書は頼山陽の生涯を彼の詩文を通じて見てゆくことを目的とする。そこでその生涯を四つの時期に分け、それぞれを一章とした。この時期分類は、岩波文庫所収の『頼山陽詩抄』（昭和一九年刊）解説において、頼成一（山陽の玄孫《やしやご》）氏が行われた分類を踏襲したものである。

ただし、頼氏の分類は以下の三期となっているが、これは四期と見ても差し支えないものであろう。

第一期　青少年時代（上京前）

第二期　中年時代（西遊を中心として）

（前）西遊に至るまで

（後）西遊より以後

第三期　晩年時代（遺稿詩）

右に拠って、本書では、

第一章　青少年時代――上京以前

第二章　壮年時代前期――九州遊歴に至るまで

第三章　壮年時代後期――九州遊歴とその後

第四章　晩年時代――『山陽遺稿』の時代

の四章構成としたのである。中年時代を壮年時代と改めたのは、その中年という言葉の現代日本におけるネガティブな響きを厭《いと》うたまでのことで、何ら他意はない。

章ごとにいくつかの節を設け、そこに山陽の詩文からの詩句・文章――つまり山陽のことば――を掲げてある。読者は山陽のことばに導かれつつ、その生涯をたどってゆくことができるという構成になっている。

最後に本書を始めるに際して、肉筆資料と底本の選定に関して一言申し添えておく。

山陽詩文の肉筆についていうならば、彼が存命中にすでに文人として名を成した人であったので、求められて揮毫《きごう》した作品はかなりの数にのぼる。ことに山陽の場合、歿後にますます名声が高まり、その墨跡《ぼくせき》であれば寸紙断縑《すんしだんけん》ですら争い求めようとする風潮が生じ、こうした傾向が第二次世界大戦前頃まで続いた。この風潮に乗じ利を貪らんとする心ない者の仕業《しわざ》によって、現在もなおどれくらい存在するのかわからぬほどの贋作《がんさく》が世に流通している（図版4、5、6参照）。ゆえに肉筆資料は、印刷された本と肉筆原稿との間に文字の異同が存在すること、あるいは有名な作品の草稿段階での様態を教えてくれる貴重な資料ではあるが、常に真贋《しんがん》の問題がそこに関わってくる。

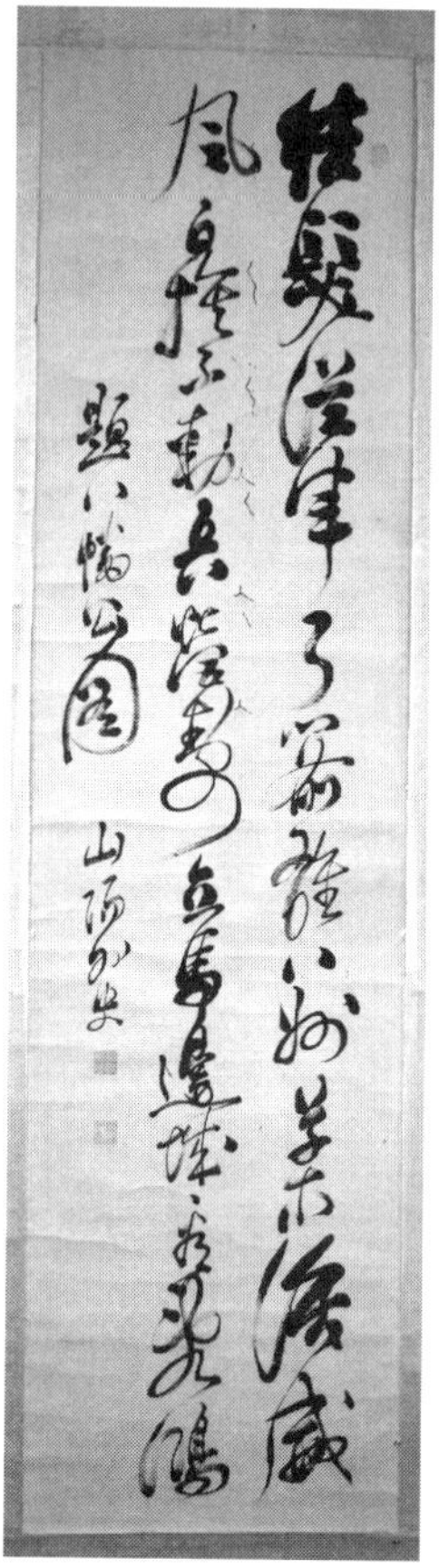

【図版4】 頼山陽詩幅贋作
詩は『山陽詩鈔』巻二に収める題画詩の一首「八幡公」であり、その筆勢も真筆に巧みに似せてある。昭和初期に製作された贋物。

【図版5】 頼山陽所用印の偽印
図版4の贋作に用いられた偽印。印文「頼氏子成」。部首おおがいの上部を「刀」に作っており、図版6の真印が「力」に作ることと明らかに異なっている。「氏」字の、渦を巻くような筆致も真印とは異なる。

【図版6】 頼山陽所用印
印影は山陽所用の真印に拠る。大坂の儒者で篆刻をよくした武内確斎の手になるもの。『頼山陽全書』全伝下巻（頼山陽先生遺蹟顕彰会、昭和7年刊）より。

つまり〝取扱注意〟ということである。山陽の場合は特にということである。

そもそも肉筆資料はそれ一点しか存在せぬものであり、それが個人によって珍蔵されている場合、それは多数の人目に触れるものではない。したがって、印刷物よりその流通力・影響力は歴然と劣るのが常である。よって、あくまでも世に流布したテクストを底本に用いるという基準に従えば、依拠すべき原典資料は江戸時代に刊行された版本ということになる。そこで本書では版本『山陽詩鈔《さんようししよう》』八巻（天保四年刊）と『山陽遺稿《さんよういこう》』七巻（天保一二年刊）とを第一に拠るべき底本とした。前者は寛政五年から文政八年までの詩を収め、山陽自身の編集に係る。後者は山陽歿後の編集で、文政九年から天保三年までの詩文を収めている。いずれも現在は、『詩集 日本漢詩』第一〇巻（汲古書院、一九八六年刊）に収録されており、簡便に読むことができる。

なお、山陽の詩集や関係書目については、新日本古典文学大系66『菅茶山 頼山陽詩集』（岩波書店、一九九六年刊）に附された、水田紀久氏による「諸詩集・関係書略目」が簡にして要を得たものである。

上記テクストに加えて、必要に応じて信頼すべき肉筆の詩軸や文稿に言及せざるを得ない場合、あるいは上記テクストに載せない詩歌を引用する場合には、多くは木崎好尚『頼山陽全書』（以下、『全書』）を参照した。『全書』は山陽研究の水準を最高峰にまで達せしめた不朽の業績で、編者木崎氏の登場を俟《ま》ってはじめて頼山陽研究はその高みに登りつめることができたのであるが、この点については本書の最後で触れることにする。

このシリーズは「親と子の東洋古典教室」とうたっている。このことを本書では意識し、頼山陽の生涯を父母との関わり、妻子との関わりという家庭的な側面や日常を中心として見てゆくことにした。ようは詩文を通じて知り得るところの、人間くさい頼山陽の像―例えば帆足杏雨えがくところの山陽像のようなセンシティブな肖像―を示したいと考えたのである。尊皇思想《そんのうしそう》を先導したイデオローグとして、あるいは幕末の志士や戦前の軍人が愛した憂国《ゆうこく》の詩人としてではなく……。よって、山陽の思想家としての歴史観や、文章家としての文学理論や文藝思潮《ぶんげいしちょう》について語った言説などを載せることはしなかった。また詩に関しても、戦前には山陽畢生《ひっせい》の雄篇《ゆうへん》として愛唱されてやまなかった詠史《えいし》の作等もあるが、右の意図から本書には載せていない。こうした山陽のよく知られた詩をもっと読んでみたいと思われる方は、以下の諸書について見られることをお勧めする。
○伊藤靄谿《あいけい》注釈『山陽詩鈔新釈』『山陽遺稿詩註釈』(詩鈔は一九四二年、遺稿は一九三八年刊。二冊併せて一九八五年に『頼山陽詩集』として書藝会より改版刊行)

○頼成一・伊藤吉三（靄谿）訳註『頼山陽詩抄』（岩波文庫、一九四四年刊）
○入谷仙介注『頼山陽　梁川星巌』（江戸詩人選集第八巻、岩波書店、一九九〇年刊）
○頼惟勤・直井文子等校注『菅茶山　頼山陽詩集』（新日本古典文学大系66、岩波書店、一九九六年刊）
○揖斐高訳注『頼山陽詩選』（岩波文庫、二〇一二年刊）

なお本書は、一般向けの書物であるので、研究者や専門家にとっては言わずもがなのことも書いてある。漢字も現在通行の印刷字体に改め、歴史的仮名遣いも現行のそれに改め、引用漢詩文を総ルビにするなど、読みやすさを心がけた。くわえて、山陽の詩文を道しるべとした一代記的な読み物となるようにしたいという企図を抱いていたため、詩文の解釈において前後の脈絡にこだわるあまり、いささか邪推《じゃすい》をたくましくし過ぎた嫌いがあるやもしれない。まずはお許し願いたい。

頼山陽のことば＊目　次

目次

頼山陽のことば

第一章　青少年時代――上京以前

1　天は何如なる物なるや――山陽誕生

一歳　安永九年（一七八〇）

山陽のように漢学《かんがく》を修めた人には、その歿後に子息や門人の手になる「行状《ぎょうじょう》」という、その人の生涯を書き記した文章が作成されることが多い。山陽の場合、門人の江木鰐水《えぎがくすい》（一八一〇～八一）によって「山陽先生行状《さんようせんせいぎょうじょう》」が執筆された。ゆえに山陽の生涯を知ろうとした場合、この文章が基本資料となる。まずはこれを繙《ひもと》くところから、本書を始めることにしよう。

先生《せんせい》、姓《せい》は頼《らい》、諱《いみな》は襄《のぼる》、字《あざな》は子成《しせい》、通称《つうしょう》は久太郎《ひさたろう》、山陽外史《さんようがいし》と号《ごう》す。京《きょう》に入《い》り、又《ま》た三十六峰《さんじゅうろっぽう》と号《ごう》す。父春水先生《ちちしゅんすいせんせい》は、諱《いみな》は惟完《いかん》、字《あざな》は千秋《せんしゅう》、藝州竹原《げいしゅうたけはら》の人《ひと》なり。初《はじ》め大阪《おおざか》に寓《ぐう》して、徒《と》に授《さず》く。阪《はん》の処士《しょし》飯岡氏《いのおかし》の女《むすめ》を娶《めと》る。安永九年庚子《あんえいきゅうねんこうし》を以《もっ》て、先生《せんせい》を江戸港《えどこう》に生《う》む。天明元年辛丑《てんめいがんねんしんちゅう》、春水先生《しゅんすいせんせい》本藩《ほんぱん》の聘《へい》に応《おう》じて、乃《すなわ》ち広嶋《ひろしま》に徙《うつ》る。

（江木鰐水「山陽先生行状」）

【現代語訳】　山陽先生は、姓を頼、諱を襄、字を子成といい、通称を久太郎といった。山陽外史と号した。京都に上ってからは、さらに三十六峰とも号した。父の春水先生は、諱を惟完、字を千秋といい、安藝国竹原の人である。かつて大阪に仮住まいし、門人に教えを授けていた。大阪の処士飯岡氏の娘を妻に迎えた。安永九年庚子の年に、山陽先生は江戸堀《えどぼり》北で生まれた。天明元年辛丑の年に、春水先生は広島藩の招聘に応じて藩儒となり、そこで広島に居を移した。

【注釈】　○**頼**…山陽の祖先は竹原で商家を営み、その屋号を出身地に因んで「頼兼屋《よりかねや》」と称した。この屋号を用いて修姓し「頼」としたとされる。日本の二字姓を中国風に一字姓に改めることを修姓といい、特に漢学者はこれをしばしば行った。◯**諱**…父祖によって名づけられた名前。「名」と同じ。ここでは已に山陽が亡くなっているので、江木鰐水は「諱」と記したのである。◯**字**…成人後につけられた呼び名。名と関連する字が選ばれる。「襄」には、事を成すの意があり、それ故「子成」と名づけられた。◯**久太郎**…後には〝きゅうたろう〟とも称した。時期によって憐二、徳太郎とも名乗った。◯**山陽外史**…「山陽」は、山の南の意。中国山地の南に位置する広島に生い立った身であることに因む号。「外史」は、民間にあって歴史書をものする人の意。正史のような正統な歴史書を編纂する史官ではなく、一個の文人として独自の見解で歴史を語る者である、という自負を滲《にじ》ませる。◯**三十六峰**…あるいは三《さん》十六峰外史《じゅうろっぽうがいし》。山陽が京都で最後に住んだ水西荘からは、東山の三十六峰を望むことができた。これに因んだ号。菅茶山《かんちゃざん》の七絶《しちぜつ》「子成の鴨水書楼《おうすいしょろう》、東山三十六峰を望見《ぼうけん》す。因りて以て自《みずか》ら号す。此《これ》を賦《ふ》して寄せ贈る」に、「模糊《もこ》たり三十六芙蓉《ふよう》」という句がある。

現在は、上京区東三本木通丸太町上ル南町に「山紫《さんし》水明処《すいめいしょ》」として山陽の茶室が遺る。◯**父春水先生**…山陽の父春水（一七四六～一八一六）は安藝国《あきのくに》竹原の人。大坂に出て、当時唐流《からりゅう》の能書家《のうしょか》として著名であった趙陶斎《ちょうとうさい》に師事した。また、片山北海《かたやまほっかい》が主宰した詩社混沌社《こんとんしゃ》において、葛子琴《かつしきん》、尾藤二洲《びとうじしゅう》、古賀《こが》精里《せいり》などの知友と交わった。その後、安永二年には江戸堀に「青山塾《せいざんじゅく》」を開いて漢学を教授した。この江戸堀川に面した住居を春水は、「春水南軒《しゅんすいなんけん》」と呼んで愛し、これを号に用いた。この号のほかには霞《か》崖《がい》、拙巣《せっそう》、和亭《かてい》等を用いた。◯**処士飯岡氏の女**…飯岡義斎《いのおかぎさい》の娘静《しず》（一七六〇～一八四三）を、春水は安永八年に妻として迎えた。義斎は医者であったが漢学の素養深く、娘静子も歌学を小沢芦庵《おざわろあん》について修めた才媛であり、梅颸《ばいし》と号した。春水に嫁いだ時、梅颸は二〇歳であった。ここにいう「処士」は、仕官せぬ者の意で、義斎が幕府や諸藩に仕官する者ではなく、大坂の町医者であったことをいうもの。なお、静子の妹直子《なおこ》は、のちに尾藤二洲の妻となった。

○**安永九年庚子**…安永九年（一七八〇）一二月二七日に山陽は生まれた。　○**江戸港**…江戸堀の雅称。春水の私塾「青山塾」が在ったところで、現在の大阪市西区江戸堀一丁目であり、現在同地には「此附近頼山陽生誕地」と題字した石碑が建っている（図版7参照）。　○**天明元年辛丑**…天明元年（一七八一）一二月、春水は広島藩学の教授として迎えられた。三六歳であった。

【図版8】　頼春水像

広島の頼家に伝わった、作者未詳の一幅。『頼山陽史跡資料館開館十四周年記念特別展　“詩豪”頼春水〜その生涯と書〜』（頼山陽記念文化財団、2009年刊）より。

【図版7】　大坂江戸堀一丁目附近

山陽歿後百年にあたる昭和6年（1931）に、木崎好尚によって撮影された一葉。『百年記念 頼山陽先生』（頼山陽先生遺蹟顕彰会、昭和6年刊）より。

山陽の父春水（図版8参照）は、ニッカウヰスキーの創業者竹鶴政孝《たけつるまさたか》の出身地として今や有名な広島県竹原市の人であり、その弟の春風《しゅんぷう》（名は惟強、字は千齢。一七五三〜一八二五）、杏坪《きょうへい》（名は惟柔、字は千棋。一七五六〜一八三四）もまた漢学者として名を馳せた。行状に見る通り、山陽二歳の時に春水は広島藩の儒者として取り立てられ、山陽は広島で成長したのである。病気がちで癇癖《かんぺき》の強い子供であった山陽は、母梅颸の愛情を一身に受けて成長した。この当時のこととして、江木鰐水「山陽先生行状」には次のエピソードを載せている。

甫《はじ》めて六歳《ろくさい》、忽《たちま》ち母夫人《ぼふじん》に問《と》いて曰《いわ》く、「天《てん》は何如《いか》なる物《もの》なるや」と。母曰《ははいわ》く、「旋転《せんてん》して止《や》まざるは、彼《か》の如《ごと》きのみ」と。師《し》　遽《にわ》かに庭《にわ》に下《お》り天《てん》を仰《あお》ぎ嘆《たん》じて曰《いわ》く、「不思議《ふしぎ》なるかな」と。啼泣《ていきゅう》すること半時許《はんときばかり》なり。

（江木鰐水「山陽先生行状」）

【現代語訳】　山陽先生は、わずか六歳の頃、急に母君に「天とはどういう物でしょうか」とたずねた。母君は「めぐりめぐって止まぬものとは、かの天のようなものばかりです」と答えた。山陽先生はすぐさま庭に下りて天を仰ぎ見て嘆声をあげ、「不思議なものであるなあ」と言った。そして、半時ほども泣き続けたのである。

【注釈】○**甫**…「はじめて」と訓読するが、〝やっと、わずかに〟の意。○**六歳**…山陽六歳（数え年であり、以後も本書での年齢はすべてこれに従う）、天明五年（一七八五）のことである。○**母夫人**…他人の母親に対する尊称。山陽の母梅颸を指す。○**旋転**…ぐるぐると回ること。ここでは、太陽や月が空をめぐることと解釈する。○**不思議**…思いもよらないこと。不可思議に同じ。○**半時**…一時の半分。一時間。

儒教思想の根幹にある「天」の存在に、六歳にして思い至ったという、この挿話は後年の歴史家としての山陽の姿を予見させるものとして、まさに象徴的である。

2　千載　青史に列するを得ん

一四歳　寛政五年（一七九三）

ここでは、山陽の詩として最も早い作として知られる一首を見ておこう。時に山陽は一四歳、寛政五年（一七九三）のことであった。

癸丑歳、偶作（癸丑《きちゅう》の歳《とし》、偶作《ぐうさく》）

十有三春秋
逝者已如水
天地無始終
人生有生死
安得類古人
千載列青史

十有三《じゅうゆうさん》の春秋《しゅんじゅう》
逝《ゆ》く者《もの》は已《すで》に水《みず》の如《ごと》し
天地《てんち》に始終《しじゅう》無《な》く
人生《じんせい》に生死《せいし》有《あ》り
安《いず》くんぞ古人《こじん》に類《るい》して
千載《せんざい》青史《せいし》に列《れつ》するを得《え》ん

【現代語訳】 一三年の月日は川の水が流れるかのように過ぎ去ってしまった。この世の中には始まりも終わりもなく、人の一生には生と死とがあるばかりだ。どうにかして古《いにしえ》の先達のように、永くその名を歴史書につらねたいものだ。

【注釈】 ○**十有三**…一三の意。ここでの「有」は「又」の意味と同じ。○**春秋**…年月、歳月。○**逝者已如水**…『論語《ろんご》』子罕《しかん》に見える孔子の言葉にちなんだ表現。孔子は、滔々《とうとう》と流れてやまない川を見て「逝《ゆ》く者は斯《かく》の如《ごと》きかな、昼夜《ちゅうや》を舎《や》めず」という嘆声を発した。いわゆる川上之《せんじょうの》歎《たん》として知られる故事であり、鎌倉時代の鴨長明《かものちょうめい》『方丈記《ほうじょうき》』冒頭の一節「ゆく河《かわ》の流れは絶えずして」もこれを踏まえることで知られる。○**始終**…終始とする方が一般的であるが、偶数句を仄声《そくしょう》で押韻《おういん》した関係上、奇数句を平声《ひょうしょう》にする意図あって「始《仄》終《平》」としたものと考えられる。なお、新日本古典文学大系『菅茶山 頼山陽詩集』では、『文選』所収の曹植《そうしょく》の詩「送応氏」に、「天地に終極無く、人命は朝霞《ちょうか》の若《ごと》し」とあることを指摘する。ちなみに、この第三・四句は後の推敲《すいこう》を経《へ》て加えられたものであると、木崎好尚の『全書』は説明する。
○**古人**…昔の人。とくに歴史に名を残した古の先達や先賢をいう。唐・陳子昂《ちんすごう》の詩に、「前に古人を見ず、後に来者《らいしゃ》を見ず」（「登幽州台歌」）とある。山陽が引首印《いんしゅいん》として、しばしば用いたものに「古の人 古の人」と刻むものがある（図版9参照）。○**千載**…永い年月。ちとせ。ここでは「永遠に」の意。
○**青史**…歴史書。かつて紙のない時代に、歴史を記録するのに青竹（あるいはその皮）を用いたことによる。

【図版9】 河合圭斎篆刻 山陽所用印「古之人／古之人」
京都の篆刻家河合圭斎の作。『頼山陽全書』全伝下巻（頼山陽先生遺蹟顕彰会、昭和7年刊）より。

【詩式】 五言古詩。上声第四「紙」韻で、水・死・史が韻を踏む。

詩にある通り一三年の年月を閲《けみ》したばかりの一四歳の少年が、「逝く者は已に水の如し」という感慨をどれほどの実感をもって詠じたのであろうか。『論語』に借りた古典的かつ常套的《じょうとうてき》な引用句ではあるが、いささか背伸びをした口吻《くちぶり》である。そして、いかにも若々しい声で詩は結ばれる。〝どうにかして青史に名を刻みたい〟という痛切な願望は、山陽という人の胸のうちに若い頃から抑《おさ》えきれないほどにあったのだろう。それゆえに最後の二句には、これより前の四句に見る、道具立《どうぐた》てのように無理に取り揃《そろ》えたかのような詩句とは異なる、真摯《しんし》な力強さが感じられる。山陽は青史に名を刻むべく、一歩あゆみを進めたのである。

歴史というものに、山陽が強い関心を持ち始めたのは、やはりこの頃であったらしい。彼は次のように告白する。

十四五《じゅうしご》の歳《とし》、書《しょ》を曝《ばく》するに因《よ》りて、蘇文《そぶん》の史論《しろん》を見《み》る。訖《おど》きて曰《いわ》く、「天地《てんち》の間《かん》、此《かく》の如《ごと》く喜《よろこ》ぶべき者有《ものあ》るかな」と。乃《すなわ》ち窃《ひそ》かに誦習《しょうしゅう》し、范増論及《はんぞうろんおよ》び倡勇敢策《しょうゆうかんさく》を手鈔《しゅしょう》して、壁《かべ》に貼《は》りて日々《ひび》に之《これ》を観《み》る。是《これ》より遂《つい》に文《ぶん》を学《まな》ぶの志有《こころざしあ》り。

（頼山陽「書幼時鈔蘇文二首後」。児玉慎編『山陽先生書後』巻下所収）

【現代語訳】　一四、五歳の頃に私は、書物の虫干《むしぼ》しの機会に、蘇軾《そしょく》の史論を目にした。そして、「世の中に、このようにおもしろい文章があるのだな」と驚きの声を挙げた。

そうして、人知れず蘇軾の文章を読み習い、「范増論」と「倡勇敢策」を自分で書き写して壁に貼りつけ毎日ながめた。これより後、私は文章を学ぼうという志を持つようになった。

【注釈】 ○**十四五の歳**…寛政五、六年のこと。なお、同じ挿話を、江木鰐水「山陽先生行状」にも載せる。○**書を曝する**…書物に日光をあてて虫を払う。虫干《むしぼ》し。晒書《さいしょ》とも。○**蘇文**…蘇軾《そしょく》の文章。蘇軾は北宋を代表する文人であり、父の蘇洵《そじゅん》、弟の蘇轍《そてつ》とともに唐宋八大家《とうそうはちだいか》の一人に数えられる。後に山陽は、清・沈徳潜《しんとくせん》編『唐宋八家文読本《とうそうはちかぶんとくほん》』に批評を施しているが、蘇軾に対する嗜好《しこう》はこのように若年からのものであったことがわかる。○**詫**…驚く。○**范増論及び倡勇敢策**…いずれの文章も『唐宋八家文読本』に収められる。よって、この時、山陽は『唐宋八家文読本』によって蘇軾の文章を知ったのであろうことが推測される。○**手鈔**…みずから書き写す。

この文章は、白髪になった山陽がよろずの文反古《ふみほうご》の中から一四、五歳の自分が蘇軾の文章を抜き書きした紙片を見つけ、それを懐かしみつつ書いたものである。こうした文章は、故事来歴《こじらいれき》、事の経緯《いきさつ》を語る〝あとがき（漢語でいう跋《ばつ》）〟のような役割を果たし、漢文の形式上「書～後（～の後《のち》に書《しょ》す）」あるいは「題～後（～の後に題《だい》す）」「跋

～後（～の後に跋《ばつ》す）」等と書かれることが多いので、書後《しょご》・題跋《だいばつ》とも称される。両者には別があって、経史子集《けいししししゅう》の典籍《てんせき》に関する文章を書後、書画文物に関する文章を題跋と分類する場合もある。

文章に戻ろう。広島藩儒であった頼春水のもとには、まさに汗牛充棟《かんぎゅうじゅうとう》、おびただしい数量の書籍が所蔵されていた。それら書籍の虫干しともなれば、一族郎党総出《そうで》の数日がかりの作業であったろう。そのさなかに山陽少年は、手を休め、ふと父の所蔵する『唐宋八家文読本』を繙《ひもと》いたのである。もうすでに基本的な経書《けいしょ》の素読《そどく》は終えているはずであるから、蘇軾の文章を読むことに問題のあろうはずはない。山陽少年は蘇軾の史論を読んで、いたく感動して、「世の中にこんなおもしろいものがあるとは」と驚愕の声を挙げた。そしてこの日以来、人知れず蘇軾の文章を読み憶え、なかでも范増論と倡勇敢策の二篇は自分で書き写して壁に貼り、日々これをながめた。これより文を学びたいという志望を持つようになったという。つまり山陽少年が明確に文というものを意識し、これに生涯をかけたいという願望を抱く契機となったものは、歴史をいかに認識し、またいかに論ずるかという「史論」とのコンテクストにおいてであった。後年の歴史への傾倒はすでにここに芽生えていたというべきであろう。

しかしながら、山陽とて疾風怒濤《しっぷうどとう》の時期に身を置いていたのである。一〇代とは、青雲《せいうん》の志を抱いて世に出てゆこうとする希望に溢れる時期ではありながら、その反面、自己を見失ってしまう時期でもある。そして、今も昔も一〇代半ばから後半にかけての若者にとって、世の中は息苦しく気分をいらだたせるものであるらしい。山陽もその例外ではなく、心身ともに不調を訴えるようになったのであった。そもそも癇《かん》の強い子で母親の気を揉ませることが多かった山陽ではあるが、この年（寛政五年、一四歳）九月頃から精神的な不安要素から来る疾患《しっかん》に苦しみ始めたようである。これは、現在いうところの躁鬱病《そううつびょう》に近いものであったかと思われる。

母梅颸の寛政五年の日記（『全書』所収）をひもとくと、以下のような記事が見えており、病が深刻化してゆく様子が見てとれる。

九月二十六日…狂気の様成《ようなる》事、物ごとにうたがいふかし。

同二十九日…きのう今日、間違《まちがい》らしき事いわず、只《ただ》気おもく、無言にて居《お》る。

同　三十日…夜も気分あしくいう、半夜たらずねる。

十月　七日…少々あしき方、かおの色あしく、終日おき居《お》る。
同二十五日…先頃の様に弥増《いやまし》。
同二十六日…今日あたりより無言、気おもし。
十二月　一日…物いわず。
同　三日…食不進《すすまず》。

こうした症状は翌年以降も続き、「梅颸日記《ばいしにっき》」には山陽の不調と、それを治すためであろう、しばしば灸治《きゅうぢ》を施したことが記されている。しかしながら、このような母の懸命の介護もむなしく、山陽は寛政八年六月に重篤《じゅうとく》な精神的疾患におちいった。おそらくこの年の五月末に弟の大二郎が三歳で病歿し、その後、妹も痘瘡《とうそう》で生死をさまようというような、ぴりぴりとした家庭内の雰囲気が、過敏な山陽の神経に影響を及ぼしたものと推測される。山陽は六月一四日に発病し、「狂者の様」になった。春水の日記には、「六月十四日、久児の宿痾《しゅくあ》暴発し、狼狽《ろうばい》、昼夜看護す。此の間の事件、茫乎《ぼうこ》として記せず」とあり、突然に暴発した山陽の精神的な「宿痾」に対する狼狽《ろうばい》ぶりが簡略に記されている。「此の間の事件、茫乎として記せず」と結ぶことに、事の重大さ、深刻さが読みとれるであろう。この間のことに関しては、上記の「梅颸日記」が基本資料であり、これを用いて書かれた木崎好尚氏の『頼山陽と其母』という著作もあるので参照されたい。

ここで一つ留意しておきたいことは、木崎氏の『全書』所収のテクストの注記に「二十七日、払暁《ふつぎょう》大二郎死去。二十五日、お十痘《とう》に罹《かか》り、六月七日癒《い》ゆ。此の混雑の為めにか、引つづき記事缺筆《けつぴつ》」と説明される通り、「梅颸日記」がこれ以降の寛政八年の記事を欠いていることである。余りに続く家庭の不幸に、日記の筆を執る暇《いとま》もなかったであろう梅颸のことを想うと、胸に迫るものがある。

なお、山陽の病歴について書かれた、優れた随筆が富士川英郎《ふじかわひでお》氏にある。「頼山陽の病志」という題名で、『鵼鵂庵閑話《しきゆうあんかんわ》』（筑摩書房、昭和五二年刊）に収録される。ここにも上記の「宿痾」についての言及があるので、参照されたい。

ふたたび贅言ではあるが、富士川英郎氏は、名著『日本医学史』の著者として知られる富士川游《ゆう》氏の子息である。この富士川游氏にも、山陽肖像画（東山義亮筆）を医学的に分析したユニークな文章（「偉人の病志」、『太陽』大正一三年六月号掲載）がある。

これに拠れば、山陽の風貌の特徴に、幼時より続いた「宿痾」の後遺症ともいうべきものが見て取れるのだという。

3　畿甸の風光 吾 始めて過ぐ――江戸遊学

一八歳　寛政九年（一七九七）

寛政九年（一七九七）、一八歳となった山陽は叔父杏坪《きょうへい》に伴われて初めて江戸にゆくことになった。昌平黌《しょうへいこう》に学ぶためである。母親の梅颸は、病気がちで、いささか精神の不安定なわが子を慮《おもんぱか》って歌を詠《よ》んで送別した。

はじめて東へゆく子を送りて
不二《ふじ》のねもおふみのうみも及なき君と父との恵わするな

「富士山よりも琵琶湖よりも高大な、殿様と父親の御恩を忘れてはいけないよ」という内容で、堅苦しく説教じみた歌ではあるが、ゆえにこそ梅颸の率直で素直な思い―（慎んでおくれよ）という声―が溢れ出ている気がする。殿様にあやかり、あるいは父親にかこつけてでも、とにかくわが子が平穏無事に帰って来てくれるようにという切実な心情である。こうして山陽は広島を発し、江戸遊学への途に上った。寛政九年三月一二日のことであった。次の一首は、その東上の折に湊川《みなとがわ》の古戦場にて楠正成《くすのきまさしげ》の墓（現在、神戸市中央区の湊川神社にある）に詣でた際の作品である。

丁巳東遊　六首之二

畿甸風光吾始過
東来地勢迴坡陀
淡洲蟠居当郊樹
淀水蒼茫接海波
楠子孤墳長涕涙
豊家遺業尚山河
悠悠今古供搔首
欲説興亡奈独何

（丁巳《ていし》、東遊《とうゆう》す　六首の二）

畿甸《きでん》の風光《ふうこう》　吾《われ》　始《はじ》めて過《す》ぐ
東来《とうらい》の地勢《ちせい》　迴《はる》かに坡陀《はだ》たり
淡洲蟠居《たんしゅうばんきょ》して郊樹《こうじゅ》に当《あた》り
淀水蒼茫《でんすいそうぼう》として海波《かいは》に接《せっ》す
楠子《なんし》の孤墳《こふん》に長《なが》く涕涙《ているい》
豊家《ほうか》の遺業《いぎょう》は尚《ひさ》しく山河《さんが》
悠悠《ゆうゆう》たる今古《きんこ》　搔首《そうしゅ》に供《きょう》す
興亡《こうぼう》を説《と》かんと欲《ほっ》すれど独《ひと》りを奈何《いかん》せん

【現代語訳】　畿内《きない》に初めて入り景色に接した。東から続く摂津《せっつ》の地形は、山の嶺がはるかかなたまで高く低く連なっている。淡路島《あわじしま》はうずくまるように海に浮かび、ちょうど郊外にある樹木と重なって見える。淀川《よどがわ》は青々と広がり流れてゆき、河口で海の波といっしょになる。楠正成《くすのきまさしげ》の墓には今後も長く涙が注がれるであろうが、豊臣家《とよとみけ》の遺業はもう随分《ずいぶん》前に山や河へと変わり果て何も残っていない。はるか昔から今へと続く時の流れは私に物思いの材料を提供してくれる。そこで興亡の歴史を語り合いたいとは思うが、この孤独をどうすればよいのか。

【注釈】　○**畿甸**…畿内。山城（京都府）、大和（奈良県）、河内・和泉（大阪府）、摂津（大阪府の一部・兵庫県）の五カ国をいう。ここでは摂津の地に足を踏み入れたことをいう。　○**東来**…東から連なり続く。　○**迴坡陀**…「迴」は、遠くはるかにの意。「坡陀」は畳韻語《じょういんご》で、高低のある様子を表す。ここでは高い山や低い山が連なり続くさまをいう。山陽は後年の添削を経て完成した古詩「楠河州《なんかしゅう》の墳《はか》に謁して作有り」の中でも、「摂山《せつざん》　逶迤《いい》として海水碧なり」と詠じている。「逶迤」は、ななめに連なり続くさまをいうが、若き日の山陽の目には摂津の山嶺が高く低く連なる光景が、今後の未知なる旅程に対する不安や期待とともに何処までも続くかのように写ったのであろう。　○**淡洲**…淡路島《あわじしま》。このように日本の地名を漢詩文にふさわしい表現に改めたものを雅称《がしょう》という。　○**蟠居**…うずくまる。淡路島が海に浮かぶさまを表現する。　○**郊樹**…町外れの樹木。　○**淀水**…淀川《よどがわ》の雅称。澱水・澱川とも書く。　○**蒼**

茫…水面が青々として果てしなく広がる様子。畳韻語。○**楠子孤墳**…楠正成の墓。山陽が参拝した当時、元禄五年に徳川光圀《とくがわみつくに》が建立《こんりゅう》した「嗚呼忠臣楠子《ああちゅうしんなんし》之墓《のはか》」の墓石が建っていた（図版10参照）。墓は現在も湊川神社内にある。○**豊家**…豊臣家。○**供搔首**…「搔首」はおちつかない様、あるいは憂いをおびた様。ここでは後者の意と解する。「供」は、提供する。○**奈独何**…奈何は如何と同じで、方法や処置をたずねる疑問の用法。目的語をとる場合は、「奈　目的語　何」という形になる。よってここでは、「独りを奈何せん」と読み、〝この孤独をどうすればよいのか〟という疑問文である。

【図版10】　楠正成墓石の拓本
「嗚呼忠臣楠子之墓」と書すのは、徳川光圀。碑陰には、明の遺臣朱舜水の賛が岡本元春によって書かれる。『水戸名家遺墨集』（井田書店、昭和一七年刊）より。

【詩式】　七言律詩。下平声第五「歌」韻で、過・陀・波・河・何が韻を踏む。なお、第三句の四字目は仄声であるべきところが、平声（「居」は平声）となっており破格である。

年若い山陽にとって、忠臣として歴史に名を残す楠正成の墓参《ぼさん》をはたしたことは感慨深いものがあったらしく、同じ折に詠んだ別の詩（「楠河州の墳に謁して作有り」）においても「無数の英雄の涙痕《るいこん》を留《とど》む」として正成の墓に涙なくしてお参りできないことをうたっている。なお、江戸時代の漢詩文における楠正成像に関しては、拙稿「日本漢詩文に見る楠正成像―諸葛孔明《しょかつこうめい》との関連において」（アジア遊学173『日中韓の武将伝』所収。勉誠出版、二〇一四年刊）があるので、こちらを参照願えれば幸いである。

4　独り奚嚢　珠玉盈るのみならず――江戸遊学より帰る

一九歳　寛政一〇年（一七九八）

山陽の江戸遊学に関して、江木鰐水の行状は「年《とし》十八、叔父杏坪翁《きょうへいおう》に従いて東游《とうゆう》し、尾藤博士《びとうはくし》の塾に在り。一年にして帰る」と簡潔に記すばかりである。尾藤博士こと尾《び》藤二洲《とうじしゅう》は、山陽の母梅颸の妹の夫であり、寛政の三博士の一人に数えられる碩学《せきがく》であった。山陽は叔父二洲のもとから昌平黌に通うこととなった。

【図版11】　中村真一郎『頼山陽とその時代』
本書は昭和46年（1971）に中央公論社より刊行された。題字は石川淳の揮毫に係る。

大都会江戸での生活は、田舎育ちの山陽にとって刺激的なものであったらしい。それゆえ山陽の生活は放埒《ほうらつ》なものとなり、わずか一年という短期間で遊学は幕引きとなってしまった。『頼山陽とその時代』（図版11参照）の著者である中村真一郎氏は、山陽の江戸遊学の失敗をめぐって、自らの旧制高校時代を想い起こしながら、そこに都会人と地方出身者との境遇の相違というものが起因するのではないかと考察する。おもしろい見解であるので、ここに少し抜萃したい。

地方の、それも（旧制高校へ）入学のために上京する時、駅まで町長たちが送って来て、花火を上げて歓送してくれた、というように、狭い田舎の輿望《よぼう》を一身に担《にな》って出て来た青年は、古い知人のひとりもいない東京で、寄宿寮に籠りきりで

猛烈に勉強するか、でなければ免疫性がないままに都会の歓楽のなかへ底なしに転落して行くか、の両極端のタイプを作り出していた。学校のなかで「名物男」になるのは、そうした青年であって、東京の中学から来た受験技術のうまい要領のいい連中ではなかった。「弊衣破帽《へいいはぼう》」というが旧制の高等学校の生徒の代名詞であったが、大都市出身者はズボンにきちんと筋をつけて、身奇麗《みぎれい》にして、音楽会などに通っているのが多かった。そうして田舎から出て来た連中が、大言壮語して、酒を呑んであばれているのを横目に見て軽蔑していた。…（中略）…広島から江戸へ出てきて昌平校へ入った山陽の姿を、そうした私の記憶のなかに生きている弊衣破帽のひとりのように想像したくなる。

（中村真一郎『頼山陽とその時代』第一部・一「病気と江戸遊学」）

そして中村氏は、弊衣破帽の山陽は都会人の目を過剰に意識して被害妄想に陥《おちい》り、神経症を募らせ、その結果一年にして〝病気中退〟せざるを得なかったのではないかと推測する。理由はどうあれ、山陽の江戸遊学が一年という、きわめて短い期間で終わってしまったことは事実である。
山陽は、叔父杏坪とともに広島へと帰る途中、備後国神辺《かんなべ》に春水・杏坪の旧友である菅茶山《かんちゃざん》を訪ねた。茶山は、年若き山陽の江戸遊学が実り多きものであったであろうことを祝して以下の詩を贈った。

頼久太郎、寓尾藤博士塾二年、帰路過艸堂。因賦此為贈
（頼久太郎《らいひさたろう》、尾藤博士《びとうはくし》の塾《じゅく》に寓《ぐう》すること二年《にねん》、帰路《きろ》に艸堂《そうどう》に過《よ》ぎる。因《よ》りて此《これ》を賦《ふ》し贈《ぞう》を為《な》す）

千里遊方何所成
談経二歳侍陽城
帰来有献尊親物
不独奚嚢珠玉盈

千里遊方《せんりゆうほう》　何《なん》の成《な》す所
経《けい》を談《だん》ずること二歳《にさい》　陽城《ようじょう》に侍《はべ》る
帰《かえ》り来《き》たりて尊親《そんしん》に献《けん》ずる物有《ものあ》らん
独《ひと》り奚嚢《けいのう》　珠玉盈《しゅぎょくみつ》るのみならず

（菅茶山『黄葉夕陽村舎詩』巻五）

【現代語訳】　千里をも離れた江戸の地に遊学し、いったいどのようなことを成し遂げ

たのであろうか。二年のあいだ尾藤二洲に師事して経典を学んだとのこと。帰郷してご両親に差し上げる物はあろうが、それは詩嚢に収めた立派な詩文だけではあるまい。

【注釈】 ○**艸堂**…草ぶきの粗末な家の意。みずからの家を謙譲していう。菅茶山は神辺の自宅に廉塾《れんじゅく》という私塾を営んでいた。○**遊方**…あちらこちらを旅する。ここでは江戸に遊学したことをいう。○**陽城**…この二字は解しづらい。富士川英郎『菅茶山』（福武書店、一九九〇年刊）に拠れば、苦学して進士に及第した唐の陽城のことで、この陽城に尾藤二洲を擬《ぎ》したのであるという。今この説に従う。なお、後に廉塾で教授した北條霞亭《ほうじょうかてい》は、この陽城を慕うあまり、字《あざな》を「景陽《けいよう》（陽城を慕う）」としたと、山陽筆「北條子譲墓碣銘《ほうじょうしじょうぼけつめい》」は記す。○**尊親**…他人の親を敬っていう。ご両親。○**奚嚢**…詩文を入れておく袋。詩嚢《しのう》ともいう。○**珠玉**…玉のように美しい詩文。○**不独**…「ひとり～のみならず」と訓読し、〝これだけにとどまらず、さらに～である〟という累加の意を表す。ここでは、山陽が江戸で多くの詩文を作成して詩嚢を肥やしただけでなく、さらに人間としての成長もしたであろうという意をこめている。そして、それがご両親への何よりのお土産となろうと、茶山は言祝《ことほ》いでいるのである。

【詩式】 七言絶句。下平声第八「庚」韻で、成・城・盈が韻を踏む。

菅茶山は、頼山陽の人生において重要な役割を果たした人物の一人である。すでに九歳の時に山陽は広島で面会の機会を得ており、江戸に上る際にも茶山の廉塾を訪ねている。ゆえに山陽の心中には、自分のことを古くからよく知る人物に、久しぶりに会う懐かしさというものもあったであろう。しかし一方では、遊学を早めに切り上げて帰郷する挫折感《ざせつかん》を気取《けど》られたくないという、強がりのような心情があったかもしれない。そうした少しばかり屈折した思いを抱く青年が、茶山の目にはどのように写ったのであろうか。詩は帰郷を言祝《ことほ》ぐ社交辞令的な内容で、ここからは当時の山陽の様子を読みとることはできない。

なお、［注釈］にも引用したが、菅茶山の生涯を記した評伝に、富士川英郎『菅茶山』（福武書店、一九九〇年刊）があり、さらには『菅茶山と頼山陽』（東洋文庫195、平凡社、一九七一年刊）という著作もある。その『菅茶山と頼山陽』において、富士川氏は右の詩の転・結句を解釈して次のようにいう。

「奚嚢」は勝景を探りながら得た詩を入れるふくろであり、従って右の詩のあと

の二行は、ふくろに珠玉の詩篇がみちているばかりでなく、必ず両親に土産として何か献ずる物があるだろうというほどの意味になるが、これはいったい何であったのだろうか。

「いったい何であったのだろうか」と意味深長に筆を結ぶ富士川氏の脳裡《のうり》にあったものは、はたして何であったのであろうか。これ以降の山陽の乱脈な青春を考えた時、私もまた「いったい何であったのだろうか」との思いを抱く。

5　一夢匆々たり二十春――出奔、そして蟄居

二〇歳　寛政一一年（一七九九）

山陽は、広島にて二〇歳の春を迎えた。

和君脩韵　（君脩の韵《いん》に和す）

一夢匆匆二十春　一夢《いちむ》匆匆《そうそう》たり二十春《にじつしゅん》

春来感慨与年新
世間万事紛難料
病裏孤懐欝不伸
文藻何人追古調
綈袍無友愍吾貧
床頭独愛書千巻
永昼摩挲意自親

春《はる》来《き》たり　感慨《かんがい》　年《とし》と与《とも》に新《あら》たなり
世間万事《せけんばんじ》　紛《ふん》として料《はか》り難《がた》く
病裏孤懐《びょうりこかい》　欝《うつ》として伸《の》べず
文藻《ぶんそう》　何人《なんぴと》か古調《こちょう》を追《お》わん
綈袍《ていほう》　友《とも》の吾《わ》が貧《ひん》を愍《あわれ》む無《な》し
床頭《しょうとう》　独《ひと》り愛《あい》す　書千巻《しょせんかん》
永昼《えいちゅう》に摩挲《まさ》すれば意自《いおのずか》ら親《した》しむ

【現代語訳】　一眠りするうちにあわただしく二〇回の春が過ぎた。春はいつも通りやって来るが感慨は年ごとに新しい。世の中のあらゆる事は入り乱れて何やらわからず、病んでひとり寂しい胸の内は鬱々として言いようもない。詩文の才ある者の誰が古詩の風格を偲ぼうというのか。綿入れを贈ってくれ私の貧しさをあわれんでくれるような友もいない。それでも寝床のまわりには私の愛する多くの書籍があり、春の日ながにそれらをなでれば心はおのずとなごみゆく。

【注釈】 ○**君脩**…春水門人、梶山立斎《かじやまりつさい》の字。立斎は、春水が歿する前に後事を託したほどに信頼された門人。○**一夢**…一眠り、一晩の夢の意。ほんの短い時間であることをいう。北宋・蘇軾《そしょく》の詩「亀山辯才師」に、「五年一夢　誰にか相対《あいたい》せん」とある。○**匆匆**…あわただしいさま。気ぜわしいさま。怱怱。○**二十春**…二〇回の春。一句目末の「春」が、二句目の一字目で再び用いられる、蟬聯体《せんれんたい》となっている。○**孤懐**…孤独な胸の内。ひとり寂しい気持ち。表現としては、次項「伸」との関連から見ても、唐・李《り》白《はく》「春夜宴桃李園序」（『古文真宝後集《こぶんしんぽうこうしゅう》』所収）中の「佳作《かさく》有らずんば、何ぞ雅懐《がかい》を伸《の》べん」という表現を意識するであろう。○**伸**…のべる。○**文藻**…詩文の才能。文才。「藻」は詩文に優れることを表す言葉。○**古調**…昔の詩の調べ。古詩の風格。最近流行する新しい詩ではなく、昔の質実剛健な詩という意。○**綈袍**…厚い綿入れ。どてら。須賈《しゅか》が范雎《はんしょ》の貧困を哀れんで綈袍を贈った故事（『史記《しき》』范雎伝）が知られ、これより転じて「綈袍」は友情の篤いことを意味するようになった。○**愍**…あわれむ。かわいそうに思う。○**永昼**…春の日なが。永日。○**摩挲**…なでる。大切にかわいがる意。畳韻語。

【詩式】　七言律詩。上平声第十一「真」韻で、春・新・伸・貧・親が韻を踏む。

これ以降の山陽をめぐる伝記には、何とも筆を遅滞《ちたい》させるところがあって書きづらい。

江戸より広島に戻って以来、山陽は遊蕩《ゆうとう》にふけるようになった。遊びをおぼえはじめた当初は誰でも同様であろう、おもしろくて堪《たま》らず親や親類などから叱責《しっせき》されたくらいで止められるものではない。特にこれまで藩儒の嫡男として検束《けんそく》を余儀なくされる堅苦しい生活を送って来た身であれば、酒食の席でのその場かぎりの快楽が刹那的《せつなてき》なうたかたのようなものとは知りながら、日常の無味乾燥《むみかんそう》な生活に引き比べて、こよなく楽しいものとして思われたに違いない。親は自分も若い血潮《ちしお》のさわぐ時期を経過して人の親となったのであるから、こうした若人《わこうど》ゆえの快楽に迷う時期を自己の経験を振り返りつつ冷静に見て物を言うのであるが、言われる側からすればやがて自分も年を重ねて人の親となり吾《わ》が子の将来を慮《おもんぱか》る時期がやって来るなどという分別《ふんべつ》も何も一切ないのであるから、遊びふけるのを止めぬものであろう。こうした分別があれば、そもそも遊びにうつつを抜かすということもあるまい。

そこで山陽に妻を迎えることとなった。親としては子供が余りに放蕩《ほうとう》に度が過ぎて身を誤らぬうちに落ち着いてもらいたいと思い、文字通り身を固める意味から結婚させようとしたのである。少なくともこれで女郎屋に出かけるような遊びは解消されると考えたのであろう。新妻は藩医御園《みその》氏の娘で、名を淳子といった。山陽は二〇歳、淳子は一五歳であった。淳子は二年後に、山陽の長男都具雄《とくお》（後に餘一《よいち》、号を聿庵《いつあん》と称した。これ以降、本書ではこの号を用いる）を生んだ。

山陽の放蕩は止まなかった。山陽としては、妻を迎えて家庭生活を送り始めたことにより、かえって自分の前にひろがる未来というものが具体的に見え始めたのではないか。妻子とともに広島で暮らし、学問に精進《しょうじん》して父の後を継いで藩儒となり、自分の子もまた藩儒としてのお役目が勤まるように育て、藩にご奉公をしつつ老い果て、やがては死んでゆくという未来がである。山陽がこうした未来像を嫌悪し、都会で名を挙げたいと考え始めていたことは、後に彼が菅茶山の廉塾を辞去する前に、旧師築山捧盈《つきやまほうえい》に宛《あ》てた書簡で語った言葉に見てとれる通りである（65頁参照）。

才能溢れる若者が、天下に驥足《きそく》を展《の》ばしたいと思うことは当然であろう。山陽とて例外ではなく、何とか自分の力を世に示したいと考えたのである。しかし自己の未来がそうした状況とはほど遠いものであるとわかった時、山陽の苦悩はさらに深まったのであろう。

さて、先に引用した江木鰐水「山陽先生行状」には、本年に出来《しゅったい》した大事件を以下のように記している。

才学日々《さいがくひび》に進《すす》む。然《しか》れども多病《たびょう》を以《もっ》て仕籍《しせき》を免《めん》ぜらる。（江木鰐水「山陽先生行状」）

【現代語訳】 山陽先生の学問や才気は日ごとに進歩した。しかしながら病気がちであるという理由で、広島藩士の名簿からその名を除外された。

【注釈】 ○**才学**…才気と学問。 ○**仕籍**…仕籍に同じ。官吏の名前を記載した名簿。ここでは、広島藩士としての身分をいう。 ○**免**…官職をやめさせる意。ここでは仕籍から山陽の名を除くこと。

実のところ右の一文は、本当のことを何も語っていない。山陽は、寛政一二年九月五日、広島の家を棄てて脱藩《だっぱん》してしまうのである。これは当時にあっては大事件であり、頼家はこれより年末にかけて、家門の存続すら危ぶまれる状況に陥った。

すぐさま山陽を捕らえるべく追っ手が出され、山陽は京都に潜伏《せんぷく》しているところを

【図版12】　山陽蟄居の部屋「仁室」
現在、広島市中区の頼山陽史跡資料館にある仁室は、原爆による焼失の後に、昭和33年（1958）に復原されたもの。本図は昭和６年頃の撮影。『頼山陽全書』全伝上巻（頼山陽先生遺蹟顕彰会、昭和６年刊）より。

捕縛《ほばく》されて広島に連れ戻された。頼家では〝囲《かこい》〟と称する座敷牢《ざしきろう》をこしらえて、そこに山陽を監禁《かんきん》した（図版12参照）。頼家としては、山陽を連れ戻す以前に、すでに座敷牢を作って山陽を拘束するという、恭順《きょうじゅん》の意を藩に対して示しており、何とか寛大な処分を冀《こいねが》う所存であったものと考えられる。そして山陽は、頼家の願い通り、蟄居《ちっきょ》を経て廃嫡《はいちゃく》という寛大な処分で済んだのである。

山陽の才能の大きさを、春水をはじめとして頼家一門の誰しもがわからなかったはずはない。ことに春水は藩儒のお役目を拝受して藩の師弟を教授する立場にあったので、同世代の者と比べて吾が子山陽が並外《なみはず》れて優れていることを、なおさら客観的に認識していたであろう。だからこそ山陽の才能を惜しんだのであろう。この山陽脱藩をめぐる処罰が温情溢れるものであるように感じられるのは、誰しもがこの若者の才能を摘《つ》み取らず開花させたいという思いを抱いていたからではないかとさえ思われる。

この寛政一一年の詩作以降、享和《きょうわ》三年（一八〇三）二四歳までの詩は一首も残っていないようである。仮に作られていたとしても、慎重に『山陽詩鈔』より除かれたものと考えられる。

6 吟魂 呼べども起たず ——武元登登庵との交流

二八歳 文化四年（一八〇七）

【図版13】 大西圭斎画・武元登登庵賛「武元登登庵像」
寛政12年（1800）、登登庵34歳の時の肖像画。備前市吉永美術館所蔵。『黄葉夕陽村舎に憩う 菅茶山とその世界Ⅲ』（広島県立歴史博物館展示図録第34冊、2005年刊）より。

文化四年（一八〇七）、一人の文人が岡山より長崎に向けて出発した。この人は途次知り合いの文人を訪ねながら気ままな旅を続け、年末に広島に入った。そして、六月末に至る半年以上の間、広島に滞在し、山陽と何度も会って肝胆《かんたん》を照らし合った。その人は山陽よりも一三歳年長で、武元登登庵《たけもととうとうあん》（一七六七〜一八一八）といった（図版13参照）。

登登庵は名を正質、字を景文といい、行庵《こうあん》・泛庵《はんあん》とも号した。備前和気《わけ》郡の人。詩書を善くし、蘭法《らんぽう》（オランダ医学）を修めた医者でもあった。その登登庵が長崎への医学修行の途次、広島に立ち寄ったのである。謹慎を解かれたとはいえ自由を拘束されていた山陽にとって、長崎へと旅する登登庵の境涯《きょうがい》は何とも羨《うらや》ましいものであったであろう。後年、山陽が長崎へと旅したのは、この時の登登庵への憧《あこが》れが影響したのかもしれない。そうしたことを推測させる詩を、山陽はこれより一一年後に訪れた長崎で作っている。

僦居　五首之二　（僦居《しゅうきょ》　五首の二）

寓居視顔字　寓居《ぐうきょ》　顔字《がんじ》を視《み》るに

故人親染翰
何図鴻爪跡
復寄鷦枝安
旧識存老姥
曽憑有小欄
吟魂呼不起
月波夜漫漫

故人《こじん》 親《した》しく翰《かん》を染《そ》む
何《なん》ぞ図《はか》らんや鴻爪《こうそう》の跡《あと》
復《ま》た鷦枝《りょうし》の安《やす》きに寄《よ》す
旧識《きゅうしき》 老姥《ろうぼ》を存《そん》し
曽《かつ》て憑《よ》る 小欄《しょうらん》有《あ》り
吟魂《ぎんこん》 呼《よ》べども起《た》たず
月波《げっぱ》 夜漫漫《よるまんまん》たり

【現代語訳】 長崎での仮住まいの家で扁額《へんがく》の字を見ると、古い友人である武元登登庵がみずから筆をふるったものであった。意外なことに私は、この家で友人の書き残した古い痕跡《こんせき》を認め、かつまた私は分相応な安らかな住居に身を寄せたのだ。登登庵の古なじみであるという老婆がおり、登登庵が以前もたれかかって景色を眺めた、こぢんまりとした欄《てすり》もそのままである。登登庵の魂を呼んでみたけれど出ては来なかった。長崎港の海面に写る月を長い夜の間中、見ていた。

【注釈】　○**僦居**…住居を借りる。この詩には山陽の「即《すなわ》ち武《ぶ》景文《けいぶん》が旧居なり」との自注があり、山陽がかつて武元登登庵が長崎滞在中に僑居《きょうきょ》していた家を借りたことがわかる。この家は長崎の港を眼下に臨む高台にあり、室名を富観楼《ふかんろう》といった。なお、山陽がここに移ったのは、長崎に着いて一〇日後の六月五日のこと。○**寓居**…仮住まいの家。○**顔字**…扁額の字。書斎や楼閣《ろうかく》などに懸けられた扁額を「顔」という。○**染翰**…筆をふるって書画をかく。翰は、筆のこと。染筆《せんぴつ》に同じ。○**何図**…どうしてあらかじめ考えたであろうか、いや考えもしなかったという意を表す。事の意外であったことをいう。○**鴻爪跡**…おおとりの爪跡。過ぎ去ってしまった物事の、はかない痕跡をいう。ここでは、登登庵がこの住居に住んだ際に書き残した扁額の字をいう。北宋・蘇《そ》軾《しょく》の詩「和子由澠池懐旧」に、「応《まさ》に是《こ》れ飛鴻《ひこう》の雪《せつ》泥《でい》を踏むが似《ごと》し」とあることに因み、「雪泥鴻爪《せつでいこうそう》」という四字熟語でも用いられる。○**鷦枝安**…分相応な住居の安らかさ。『荘子《そうじ》』逍遥遊《しょうようゆう》に「鷦鷯《しょうりょう》は深林《しんりん》に巣《す》くえども、一枝に過ぎず」とあることを踏まえた表現。ミソサザイのような小さな鳥は多くの木々に囲まれた林に巣をかけるが、その巣の大きさは一枝分《ひとえだぶん》でしかないという意。前の句で登登庵をおおとりに喩《たと》えて敬愛の意を表し、この句では自らを小さな鳥に喩えて謙譲の意を表す。○**旧識**…以前から知る人。旧相識《きゅうそうしき》。○**老姥**…老婆。○**吟魂**…詩歌を作ろうとする、詩人の魂。ここでは登登庵の魂をいう。○**月波**…波の立つ水面に写る月。眼下に拡がる長崎の港の様子を詠じたもの。○**夜漫漫**…夜が長いさま。『楚辞《そじ》』九章《きゅうしょう》・悲回風《ひかいふう》に「長夜《ちょうや》の漫漫《まんまん》たるを終《お》う」とある。

【詩式】　五言古詩。去声第十五「翰」韻で翰・漫が韻を踏み、上平声第十四「寒」韻で安・欄が韻を踏む。

後に再び触れるが、山陽は文政元年五月末に長崎に到着し、三ケ月ほど同地に滞在した。その間、六月にはかつての友人登登庵が住んだ家（富観楼）を借りて暮らしたのである。初めて登登庵の旧居を訪ねた山陽は、書斎の扁額に登登庵の字で「富観楼」と書かれているのを見た。そして、故人を懐かしく思い返し感慨に耽《ふけ》ったのであろう。折しも登登庵はこの年の二月に亡くなっており、山陽の胸中には深い追悼《ついとう》の念があった。

7　豎子 復た其の癖を出だすや――『日本外史』執筆

二八歳　文化四年（一八〇七）

山陽が幽閉《ゆうへい》されたのは先述の通り寛政一二年のことであり、それ以来享和三年に幽閉を解かれるまでの四年間を家より出ることなく過ごした。その間に、山陽は漢文学史上いや日本文学史上における不朽の名著である『日本外史《にほんがいし》』（図版14参照）の執筆に従事した。山陽は謹慎を解かれて後も執筆を続け、文化四年にようやく脱稿した。一応の完成を見た『日本外史』を、山陽は父春水に見せた。春水はその出来映《できば》えに驚きつつも、その内容が武門に傾くことに苦笑した。

父老《ふろう》　素《もと》より僕《ぼく》と好《この》みを異《こと》にす。僕《ぼく》の著作《ちょさく》を見《み》て、輒《すなわ》ち笑《わら》いて之《これ》を投《とう》じて曰《いわ》く、「豎子《じゅし》　復《ま》た其《そ》の癖《へき》を出《い》だすや」と。

（頼山陽「与天民」）

【現代語訳】　父春水は日頃から私と歴史に対しての好尚が異なっていた。私の著作『日本外史』を読むと、すぐに笑ってこれを放り出して、「この小僧は、またもやいつもの癖《くせ》を出しおったか」と言った。

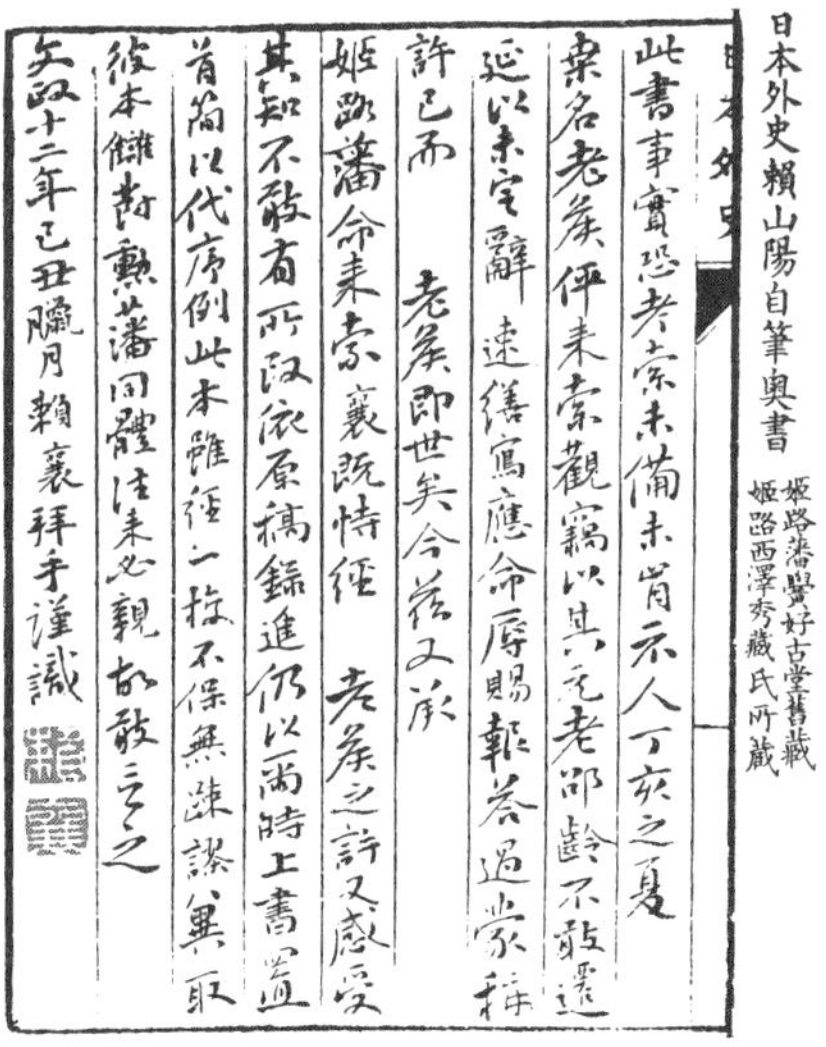

【図版14】　頼山陽書「日本外史奥書」
姫路の藩校好古堂に伝わった稿本。徳富蘇峰『頼山陽』（大正15年、民友社刊）より。

【注釈】○輒…すぐに。ここでは、「即」の意に近い。○豎子…子供。人を揶揄《やゆ》したりする場合に、青二才の意で用いられる。 ○癖…山陽が武家の時代史として『日本外史』を編集したことを、いささか揶揄していう。本来、歴史書の正統なものは本紀―つまり天皇家の歴史を記した部分―を首に置くべきであるが、山陽があえてそうせずに、武家の興廃《こうはい》の歴史に絞った歴史書としたことを、〝例の悪い癖〟と評したもの。

これは、山陽が天民《てんみん》なる人物に宛てた手紙の一節である。天民は、かつて大窪詩仏《おおくぼしぶつ》(字は天民)のことであると考えられていたが、木崎好尚氏は『全書』文集所収「与天民」の注釈において、これを誤りとして「天民」は高知藩の儒者松田思斎《まつだしさい》(字は天民)であるとする。

さて、この松田思斎は春水に学び、山陽より四歳年長であった。山陽はこの手紙の冒頭で、『日本外史』の存在を「重く之《これ》を言えば、則ち不朽の盛事《せいじ》。軽く之を言えば、消閑《しょうかん》の遊戯《ゆうぎ》なるのみ」と述べて、自負心をあらわにしている。消閑の遊戯―暇つぶしの遊び―であると記すのは、自らの成したことへの自信の裏返しの表現であろう。よって、春水が「豎子　復た其の癖を出だすや」と口にしたと書くことも、また父からのお墨付《すみつ》きでも貰《もら》ったような気分のなせるわざであったのではあるまいか。
山陽はこれ以降も『日本外史』の推敲《すいこう》を続け、文政一〇年（一八二七）ようやく完成を見た。その時の感慨を詠じた詩を一首紹介しておこう。

修史偶題　十一首之九
二十餘年成我書
書前酹酒一掀鬚
此中幾個英雄漢
諒得吾無曲筆無

（修史偶題《しゅうしぐうだい》　十一首の九）
二十餘年《にじゅうよねん》　我《わ》が書《しょ》を成《な》し
書前《しょぜん》　酒《さけ》を酹《そそ》ぎて一《ひと》たび鬚《ひげ》を掀《あ》ぐ
此《こ》の中《うち》　幾個《いくたり》の英雄漢《えいゆうかん》
吾《わ》が曲筆《きょくひつ》無《な》きを諒得《りょうとく》するや無《いな》や

【現代語訳】　二〇数年かかって、わが書『日本外史』を完成させ、書物を前にして酒を注いで神に感謝し、高笑いをする。しかし、この書物の中の英雄で、私の筆が事実をねじまげて書いていないことを諒解《りょうかい》することができる者は、はたして何人いるであろうか。

【注釈】 ○**二十餘年**…享和年間に『日本外史』の執筆を始めて以来、二〇数年が経過したことをいう。○**我書**…『日本外史』を指す。なお、起句最後の文字である「書」が、承句の最初に再び用いられており、蟬聯体《せんれんたい》となっている。○**酹酒**…酒を地に注いで神を祭る。○**掀鬚**…口角を上げて、高笑いする様子。得意げな様を表現する。掀髯《きんぜん》に同じ。新日本古典文学大系『菅茶山 頼山陽詩集』では、斎藤《さいとう》拙堂《せつどう》「頼山陽の書後・題跋の後に題す」に、山陽の姿を描写して、「髯《ひげ》を持《じ》して顧盻《こけい》し、古今を揚搉《ようかく》す」とあることを注記する。○**諒得**…諒解することができる。「得」は、動詞の後に置いて、可能の意を表す助字。○**曲筆**…事実をねじまげて書く。故意に事実を歪曲《わいきょく》して書くことをいう。○**無**…文末にあって疑問の意を表す。「否」に同じ。なお、結句は「無曲筆無」とあって、もう一字「無」がある。これは近体詩の禁忌である一字不重用、冒韻《ぼういん》を犯すとも解釈できるが、ここでは意図的な工夫と見た。

【詩式】 七言絶句。上平声第六「魚」韻の書、第七「虞」韻の鬚・無が通韻《つういん》する。なお、起句の三字目「餘」(「魚」韻)は、冒韻の禁忌を犯す。

なお、『日本外史』を読んでみたい方には、岩波文庫版の三冊をお勧めする。頼成一《せいいち》・惟勤《つとむ》父子による訳注であり、現行版は昭和五一年(一九七六)から同五六年にかけて刊行された。訳注とはあるが、これは原典の漢文を書き下し文にして、あわせて脚注で難解な語句や固有名詞の解説を加える、〝注解〟のスタイルになっていることをいうもので、全文が現代語訳されているわけではない。特筆すべきは、巻末に頼惟勤氏によって執筆された「『日本外史』への手引き—跋に代えて—」（岩波文庫『日本外史（下）』所収）という、格好のハンドブックが添えられていることである。『日本外史』に関する必要不可欠なデータが簡潔に、過不足なく、的確に示されており、大変に参考となる。筆者は、山陽の長男で広島藩儒を継いだ聿庵《いつあん》の子孫であり、中国文学・音韻学の研究で知られた大家であったが、惜しくも平成一一年に世を去られた。

8　深く愧ず　相知の犬豚と噬うを——廉塾都講

三一歳　文化七年（一八一〇）

山陽は、父の友人であり当代随一の詩人として名高かった菅茶山《かんちゃざん》の私塾廉塾《れんじゅく》（図版15、16参照）で都講《とこう》として教鞭《きょうべん》を執ることになった。両親の安堵《あんど》はいかほどであったであろう。が、それ以上に山陽の今後の行動に対する心配が胸の奥には渦巻《うずま》いていたことであろう。山陽が、備後国神辺《びんごのくにかんなべ》にあった廉塾へと向かう途次《とじ》に詠んだ詩を一首見ておこう。

赴備後途上　十首之二　（備後《びんご》に赴《おもむ》く途上《とじょう》　十首の二）

阿爺申我訓
阿嬢裁我衣
何以酬斯徳
寸心有所期

阿爺《あや》　我《われ》に訓《いまし》めを申《もう》し
阿嬢《あじょう》　我《われ》に衣《ころも》を裁《た》つ
何《なに》を以《もっ》てか斯《こ》の徳《とく》に酬《むく》いん
寸心《すんしん》に期《き》する所《ところあ》有り

【図版15】　岡本花亭賛「菅茶山像」
茶山の肖像画として最もよく知られるもの。広島県立歴史博物館所蔵。『黄葉夕陽村舎に憩う 菅茶山とその世界Ⅲ』（広島県立歴史博物館展示図録第34冊、2005年刊）より。

【現代語訳】　父は私を何度もいましめ、母は私に衣服を縫ってくれた。この両親よりの恩恵に何で報いればよいだろうか（報いようがない）。胸の内に期するところはあるが。

【注釈】　○**阿爺**…父親。「阿」は人を親しみ呼ぶ際の接頭語で、少しくだけた表現となる。ここでは、〝お父さん〟というほどの意。　○**阿嬢**…母親。お母さん。　○**申訓**…かさねて教え、いましめる。申戒。　○**徳**…恩恵。人からのめぐみ。『論語《ろんご》』憲問《けんもん》に「何を以てか徳に報いん」とあることによる。　○**寸心**…こころ。心中。　○**期**…こうありたいと願う気持ち。期待。

【詩式】　五言古詩。上平声第五「微」韻の衣、第四「支」韻の期が通韻《つういん》する。

この詩は文化六年一二月二七日から九日にかけて作られた連作一〇首のうち二首目である。父春水の訓戒は、おそらく身を慎んで、誠心誠意、茶山先生にお仕えせよと

【図版16】　明治末の廉塾　『頼山陽と其母』（吉岡宝文館、明治44年刊）より。

いう内容であったであろう。その傍《かたわ》らで息子の旅衣《たびごろも》を縫《ぬ》いながら母梅颸も静かに頷《うなず》きながらそれを聞いていたのかもしれない。山陽は三〇歳にもなった自分を心より心配し気遣《きづか》う、その両親の恩愛に胸がいっぱいになったのではなかろうか。その胸の内に期するところは、茶山先生のもと、廉塾でしっかりと都講の任を果たして両親を安堵させようということだったはずである。而立《じりつ》の年を終えようとする年末であったからこそ、なおさらそうした思いは強かったものと思う。しかしその反面、後の山陽の行動から考えた時、「寸心に期する所」は別の内容を含んでいたのではなかったかとも考えられるが、ここではこれ以上は触れないでおく。

こうして山陽は廉塾に到着し、初めての正月をここに迎えた。その際の一首。

始寓廉塾　二首之二　（始《はじ》めて廉塾《れんじゅく》に寓《ぐう》す　二首の二）

万里江湖宿志存　万里江湖《ばんりこうこ》の宿志存《しゅくしそん》し

身如病隺脱籠樊　身《み》は病隺《びょうかく》の籠樊《ろうはん》を脱《だつ》するが如《ごと》し

回頭故国白雲下　頭《こうべ》を回《めぐ》らせば故国《ここく》　白雲《はくうん》の下

寄跡夕陽黄葉村
絃誦幾時従父執
煙霞到処総君恩
廿年無事酬温飽
深愧相知嗤犬豚

跡《あと》を寄《よ》するは夕陽《せきよう》 黄葉《こうよう》の村《むら》
絃誦《げんしょう》 幾時《いくとき》か父執《ふしゅう》に従《したが》い
煙霞《えんか》 到《いた》る処《ところ》 君恩《くんおん》を総《す》ぶ
廿年《にじゅうねん》 事《こと》として温飽《おんぽう》に酬《むく》ゆる無《な》く
深《ふか》く愧《は》ず 相知《そうち》の犬豚《けんとん》と嗤《わら》うを

【現代語訳】　遠く離れたところまで各地を周遊したいという願いを以前から持っていた。いま私は病気の鶴がとりかごから逃れ出たかのように自由になった。振り返れば故郷安藝国は白い雲のあたりであり、これから身を寄せるのは備後神辺《びんごかんなべ》の黄葉夕《こうようせき》陽村舎《ようそんじゃ》である。これまで雅会の席などで何度父の友人である茶山先生とご一緒したであろうか（何度もあって懐かしいこと）。されど私を取り巻く自然のどこもかしこも藩侯の御恩ばかりである。この二〇年間、一つとしてこの満ち足りた生活を送れることに恩返しをしたことはなく、知り合いから犬や豚のような卑劣な者とあざ笑われるのを深く恥じ入るばかりだ。

【注釈】　○**万里江湖**…遠く離れた地まで各地を周遊する。「万里」は、一万里ほども遠く離れたところ。「江湖」は、世の中の意。ここでは各地を周遊するというほどの意味で用いる。　○**宿志**…かねてからの願い。以前からの希望。　○**病隺**…病み疲れた鶴。蟄居閉門の状態で意気消沈していた自らを喩えていう。唐・白居易《はくきょい》の詩「病中対病鶴」に「同病の病夫　病鶴を憐《あわ》れみ、精神は損《そん》ぜざれども翅翎《しれい》傷つく」とある。　○**籠樊**…とりかご。樊籠。身が束縛された状況のうちにあることの比喩に用いる。東晋・陶淵明《とうえんめい》の詩「帰園田居」に「久しく樊籠の裏《うち》に在りしも、復た自然に返るを得たり」とある。　○**回頭**…ふりかえって見る。回首。　○**故国**…ふるさと。山陽の郷里安藝国（広島県）を指す。　○**白雲**…父母のいる故郷に立ち上る白い雲。新日本古典文学大系『菅茶山　頼山陽詩集』は、唐の狄仁傑《てきじんけつ》が太行山《たいこうさん》で白雲を見て、故郷の両親を思いやった故事を挙げる。
○**寄跡**…寄寓する。身を寄せる。寄迹《きせき》。陶淵明の詩「命子」に「跡《あと》を風雲に寄せ」とある。　○**夕陽黄葉村**…菅茶山の私塾廉塾を別に黄葉夕陽村舎《こうようせきようそんじゃ》とも称したが、ここでは平仄の関係上「黄葉」と「夕陽」を入れ換えて表現したもの。　○**絃誦**…音楽と読書。弦誦《げんしょう》。詩酒の応酬する雅会《がかい》等を念頭に置く表現であろう。　○**父執**…父の友人。茶山を指す。　○**煙霞**…もやとかすみ。転じて四囲を取り囲む山河、あるいはその自然なたたずまいをいう。　○**君恩**…君主の恩。具体的には、藩主から扶持を受けた「御恩《ごおん》」をいう。　○**温飽**…衣服を着て暖かくし、食事も十分に摂る。何不自由のない生活をいう。　○**相知**…知り合い。知人。　○**嗤犬豚**…「嗤」は、あざ笑うの意。冷笑。「犬豚」は、卑劣な者。新日本古典文学大系『菅茶山　頼山陽詩集』では、『三国志《さんごくし》』呉書《しょ》・孫権《そんけん》伝の注に、「豚犬《とんけん》の若《ごと》きのみ」とあることを指摘する。なお、犬が頭に来る場合には「犬彘《けんてい》」とすることが多いが、本詩では韻を踏むために豚（上平声第十三「元」韻）とする。『漢書《かんじょ》』貢禹《こうう》伝に「行は犬彘と雖《いえど》も、家富み勢足《た》る」とある。山陽は、脱藩の重罪《じゅうざい》を犯して奉公を怠った愚か者という自嘲《じちょう》をこめて用いる。

【詩式】　七言律詩。上平声第十三「元」韻で、存・樊・村・恩・豚が韻を踏む。

山陽は廉塾に長くいることはできず、この詩を作った一年数ヶ月後に、神辺を後にして再び上京するのである。この行動については後世の様々な穿鑿《せんさく》があるが、やはり山陽自身の言葉を確認することが第一であろう。以下の抜粋は、文化七年に広島の旧師築山捧盈《つきやまほうえい》に宛てた書簡の一節である。

凡《およ》そ古《いにしえ》より学者之業《がくしゃのぎょう》を成申地《なしもうすち》は、三都之外《さんとのほか》は無之候《これなくそうろう》。如何《いか》なる達人《たつじん》にても、田舎《いなか》藝《げい》は用《よう》に立不申候《たちもうさずそうろう》。闇斎《あんさい》・仁斎《じんさい》・徂徠《そらい》など之様《のよう》の業《ぎょう》は、都会《とかい》ならでは出来不申《できもうさず》。如此人《かくのごときひと》にても左様《さよう》に候《そうら》えば、まして凡人《ぼんじん》は猶更之事《なおさらのこと》に候《そうろう》。不肖《ふしょう》の私《わたし》に御座候《ござそうら》えども、何卒右之場所《なにとぞみぎのばしょ》へ出《いで》、名儒俊才《めいじゅしゅんさい》に附合申候而《つきあいもうしそうらいて》、学業成就《がくぎょうじょうじゅ》、名《な》を天下《てんか》に挙《あげ》、末代《まつだい》までも藝州《げいしゅう》の何某《なにがし》と被呼候《よばれそうら》わば、蛍光《けいこう》にて月光《げっこう》を増候譬《ましそうらうたとえ》にて、少《すこし》は御国《おくに》の光《ひかり》とも可申候哉《もうしそうらうべきかな》。

（頼山陽「文化七年七月二六日附　築山捧盈宛書簡」。木崎愛吉・光吉元次郎編『頼山陽書翰集』上巻所収）

この書簡は長さ三間《さんけん》以上もの紙本《しほん》に、山陽の真情が延々《えんえん》とつづられており、書翰集《しょかんしゅう》を編集した木崎好尚は、「この手紙こそ、正に我が手紙の文の祖とでもいいたいような大文章である」と絶賛している。しかしながら私は、この長大な手紙に、人の心の奥底にしまってある見てはいけない本音をつい見てしまったかのような、気まずい想いを抱く。かつての恩師に甘える、山陽の素直な気持ちが、このような真率《しんそつ》な言葉に溢れる手紙を書かせたのであろうとは思うのであるが。

森田思軒《もりたしけん》『頼山陽及其時代《らいさんようおよびそのじだい》』（民友社、明治三一年刊。図版17参照）は、廉塾時代の山陽は、二個の矛盾する山陽として生活していたのだとする。思軒の『頼山陽及其時代』は民友社刊行のシリーズ「十二文豪」の一冊として刊行された、山陽研究の先駆的著作である。刊行

【図版17】 森田思軒『頼山陽及其時代』 森田思軒（1861〜97）は備中笠岡の人で、慶應義塾で英語を学んだ後、ジャーナリストとして活躍した。五十川訒堂に師事して漢学の素養も深く、この分野においても将来を嘱望されたが、惜しくも37歳で夭逝した。

準備の途次で思軒が病歿したため、徳富蘇峰《とくとみそほう》と山路愛山《やまじあいざん》の校定を経て出版された。

一個は誘惑に従がい、肉慾《にくよく》に徇《じゅん》し、只だ目下の小快楽を知りて寸前の大損失を慮《おも》わざる山陽。即ち不平と放縦《ほうしょう》との間を循環往反《じゅんかんおうはん》する境遇的山陽。一個は勉強刻苦、精を厲《はげ》まし己《おの》れに克《か》ち、現在の小安懐を唾棄《だき》して将来の大名誉を志望する山陽。即ち一藩一隅に囿《ゆう》せらるることを否《いな》みて、大に天下に伸びんことを欲する天生的山陽。

（森田思軒『頼山陽及其時代』第一章「山陽論に就いて」四）

思軒は境遇的山陽をダークサイド、天生的山陽をブライトサイドと見なし、その相反する二面性が山陽の一身のうちでせめぎ合っていたと説明する。思軒の指摘するアンビヴァレンスは、私にやはり帆足杏雨描くところの山陽の肖像画を想い起こさせる。

三都に出て名を挙げたい、という気持ちを山陽―思軒いうところの天生的山陽―は抑えることができず、菅茶山のもとを離れた。時に文化八年閏《うるう》二月のことであった。坂本箕山《さかもときざん》『頼山陽』に拠れば、山陽が立ち去った後の廉塾の壁上には、「水は凡、山は俗、先生は頑、弟子は愚なり」の四句が書きつけてあったという。

先に引用した頼惟勤「『日本外史』への手引き―跋に代えて―」（岩波文庫『日本外史（下）』所収）には、次のような簡略な記述が見える。

また文化六年（三十歳）**暮に菅茶山の塾に出されたが、翌々年にはそこを捨てて上方に移った。これはいわば第二次の脱藩に当る行動であった。**

果たして、山陽は「第二次の脱藩」を犯したのであろうか。ふたたび藩を、そして父や母を捨てて京に上ったのであろうか。

第二章　壮年時代前期――九州遊歴に至るまで

1　独り寒灯を剔て夜 書を読む――上京

三二歳　文化八年（一八一一）

山陽にとって世間の風は冷たかった。春水の知友でもあった大坂の儒者中井履軒《りけん》を訪ねたが、履軒は山陽を不孝者と見て面会すら拒否したという。尾羽《おは》打ち枯らした山陽は、やはり大坂の儒者である篠崎小竹《しのざきしょうちく》（図版18参照）を頼り、そのもとに身を寄せた。後に小竹は、その時の山陽の様子を「子成 始めて西より来たるや、単衣双剣《たんいそうけん》、牢落蕭然《ろうらくしょうぜん》として、人 甚しくは重《おも》んぜず」（「題頼子成自書詩巻」）と描写している。

歳暮（歳《とし》の暮《くれ》）

一出郷園歳再除
慈親消息定何如
京城風雪無人伴
独剔寒灯夜読書

一《ひと》たび郷園《きょうえん》を出《い》で 再《ふた》び除《じょ》す
慈親《じしん》の消息《しょうそく》 定《さだ》めて何如《いかん》
京城《けいじょう》の風雪《ふうせつ》 人《ひと》の伴《ともな》う無《な》し
独《ひと》り寒灯《かんとう》を剔《き》りて 夜《よる》 書《しょ》を読《よ》む

【現代語訳】 故郷を出てから二度目の年越しを迎えた。両親の様子は、はたしてどうなのであろうか。吹雪《ふぶき》の京都に伴う人は誰もいない。一人でさびしいともしびをかきたてて明るくし書物を読んでいる。

【注釈】 ○**歳暮**…文化八年の歳末。山陽三二歳。○**郷園**…ふるさと。故郷。○**再除**…もう一度、年越しを迎えた。「除」は、大晦日の意。山陽は故郷を出て最初の歳末を神辺の廉塾で迎えた。第一章の

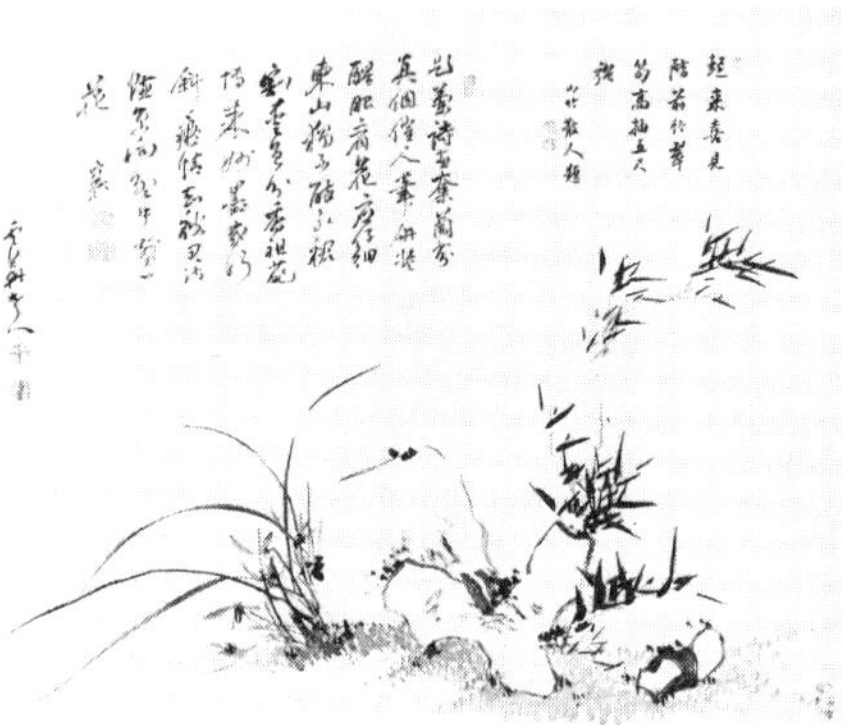

【図版18】 頼山陽・篠崎小竹・雲華上人合作「蘭竹図」
山陽の京坂での交友を物語る一幅。竹を篠崎小竹が、蘭を雲華上人が描き、そこに山陽が題賛した合作。『没後百五十年 頼山陽展』（頼山陽旧跡保存会・日本経済新聞社、一九八二年刊）より。

８節を参照のこと。究極のところ。　○**慈親**…両親。　○**定**…最終的には。究極のところ。唐・杜甫《とほ》の詩「将暁二首之二」（『瀛奎律髄《えいけいりつずい》』所収）に、「筋力 定めて如何《いかん》」とある。　○**何如**…底本には「如何」とあるが、押韻せねばならないことを考慮すれば、これは「何如」を誤刻したものと解するよりほかない。ゆえに改めた。　○**風雪**…吹雪。杜甫の詩「閣夜」（『瀛奎律髄』所収）に、「歳暮れて陰陽 短景を催し、天涯の風雪 寒宵《かんしょう》 霽《は》る」とある。　○**剔**…灯心をかきたてること。　○**寒灯**…さびしいともしび。特に冬の、ぽつんと点るともしびをいい、一人さびしく迎える除夜の詩や一人での旅寝の詩などにしばしば用いられる。唐詩では、高適《こうせき》の詩「除夜作」に「旅館の寒灯 独り眠らず、客心《かくしん》 何事ぞ転《うた》た悽然《せいぜん》」とあり、戴叔倫《たいしゅくりん》の詩「除夜宿石頭駅」（『瀛奎律髄』所収）に「旅館 誰《た》が相問《あいと》わん、寒灯 独り親しむべし」等の用例がある。山陽は旅中などの孤独な心情を詠ずる時に好んでこの語を用い、例えば「独り寒燈を剔《き》りて地経《ちけい》を看る」（「入豊後」）のように、本詩と全く同様の表現を用いている。

［詩式］　七言絶句。上平声第六「魚」韻で、除・如・書が韻を踏む。

一人さびしく書物を読んでいる、と詩を結ぶ山陽ではあったが、実はその上京はまさしくタイムリーであったともいえる。森田思軒『頼山陽及其時代』には、その間の事情を次のように記している。

京坂《けいはん》の文学界は、享和文化の間に於て両ゼネレーションスの交迭《こうてつ》を見たり。山陽は恰《あたか》も新ゼネレーションと共に京都に来《きた》れり。此《かく》の如くして渠《かれ》は、遂に京坂文学界の中心となれり。

（森田思軒『頼山陽及其時代』第一章「山陽論に就いて」六）

頼成一氏もまた岩波文庫の『頼山陽詩抄』解説において、京都の詩壇は「山陽の上京によって生色を取り戻したと謂ってよい」と説明する。山陽はようやく自分の才能を十分にふるうことができる場所を見つけたのである。

2　児は泣きて吾が韈を結ぶ——父との和解

三四歳　文化一〇年（一八一三）

古詩は長くて、読むのが煩《わずら》わしいといわれる向きも少なくない。しかし、絶句が短編小説のような簡潔で機知に富んだ内容が売物《うりもの》であるとするならば、古詩は大河小説のように丹念《たんねん》にストーリーをつむいでゆく、その物語性に面白みがある。そこで、ここでは古詩の面白みを味わって頂くために、二四句からなる五言古詩《ごごんこし》の全篇を掲げて見てゆくことにする。

家君告暇東遊、拉児協来。娯侍旬餘、送至西宮。別後賦此志之

（家君《かくん》 暇《いとま》を告《つ》げて東遊《とうゆう》し、児協《じきょう》を拉《ひ》き来《き》たる。娯侍《ごじ》すること旬餘《しゅんよ》、送《おく》りて西宮《にしのみや》に至《いた》る。別後《べつご》 此《これ》を賦《ふ》して之《これ》を志《しる》す）

父執遣吾東
京城住五年
西悲闕定省
空望白雲懸
養痾雖有辞
負恩終覥然
何料父東遊
孫随未及肩
予得父執報

父執《ふしゅう》 吾《われ》をして東《ひがし》せしめ
京城《けいじょう》に住《す》むこと五年《ごねん》なり
西悲《せいひ》す 定省《ていせい》を闕《か》くを
空《むな》しく白雲《はくうん》の懸《かか》るを望《のぞ》む
養痾《ようあ》 辞《じ》有《あ》りと雖《いえど》も
恩《おん》に負《そむ》きて終《つい》に覥然《てんぜん》たり
何《なん》ぞ料《はか》らん 父《ちち》の東遊《とうゆう》せんとは
孫《まご》は随《したが》いて未《いま》だ肩《かた》に及《およ》ばず
予《あらかじ》め父執《ふしゅう》の報《ほう》を得《え》て

上国謀団円
驚喜迎溯水
安頓借一廛
桂玉猶甘旨
徒弟足周旋
探勝毎負剣
随跟扶仆顚
買輿趨莵道
僦舟下瀼川
暫侍衾枕側
送到兜鍪山
児泣結吾韈
父呵勿留連
泣呵情無二

上国《じょうこく》に団円《だんえん》を謀《はか》る
驚喜《きょうき》　迎《むか》えて水《みず》を溯《さかのぼ》り
安頓《あんとん》するに一廛《いってん》を借《か》る
桂玉《けいぎょく》は猶《な》お甘旨《かんし》
徒弟《とてい》は周旋《しゅうせん》するに足《た》る
勝《しょう》を探《さぐ》りて毎《つね》に負剣《ふけん》し
跟《くびす》に随《したが》いて仆顚《ふてん》を扶《たす》く
輿《よ》を買《か》いて莵道《うぢ》に趨《おもむ》き
舟《ふね》を僦《やと》ひて瀼川《でんせん》を下《くだ》る
暫《しばら》く衾枕《きんちん》の側《かたわら》に侍《じ》し
送《おく》りて兜鍪山《とうぼうざん》に到《いた》る
児《こ》は泣《な》きて吾《わ》が韈《べつ》を結《むす》ぶ
父《ちち》は呵《しか》る　留連《りゅうれん》する勿《なか》れと
泣呵《きゅうか》　情《じょう》に二《に》無《な》し

回頭海山烟

頭《こうべ》を回《めぐ》らせば海山《かいざん》烟《けぶ》る

【現代語訳】　父の友人茶山先生が私を上京させてくれ、京都に住まいすること五年になった。西の郷里に向かって親孝行の徳を欠いていることを悲しみ、ただぼんやりと白い雲がかかっているのを眺めていた。病気の治療中であったという弁解はあるが、父母の恩愛にそむいて私は平気な顔でいた。そこに何と予想もしなかったことだが父上が上京されるとは。孫の聿庵《いつあん》が同行したが、その背丈はまだ父の肩の高さに届かぬほどであった。これに先だって茶山先生からの許しの手紙を得て、上方で父との和解を図ることになっていた。驚き喜んで父の一行を出迎え淀川《よどがわ》をさかのぼって京に入り、一軒の宿屋にとまってくつろいだ。京都の食べ物は物価は高いがやはりうまく、門人達は父上の世話をするのに申し分なかった。父とともに景勝地《けいしょうち》をめぐり歩いて、いつも背負ったり抱きかかえたりして世話をし、後ろに付き従ってはころびそうになるのを手助けした。駕籠《かご》を雇《やと》って宇治《うぢ》へ行き、船を雇って淀川を下った。こうしてしばしの間、父上と寝食をともにして側《そば》に仕え、いま見送って甲山《かぶとやま》までやって来た。わが子聿庵は泣きながら私の草鞋《わらじ》の紐《ひも》を結び直し、父なる私は「ぐずぐずしてはいけない」とわが子をしかったのである。泣く方にもしかる方にも心に嘘偽《うそいつわ》りはない。振り返ってみれば、海と山とがかすんでいるのだった。

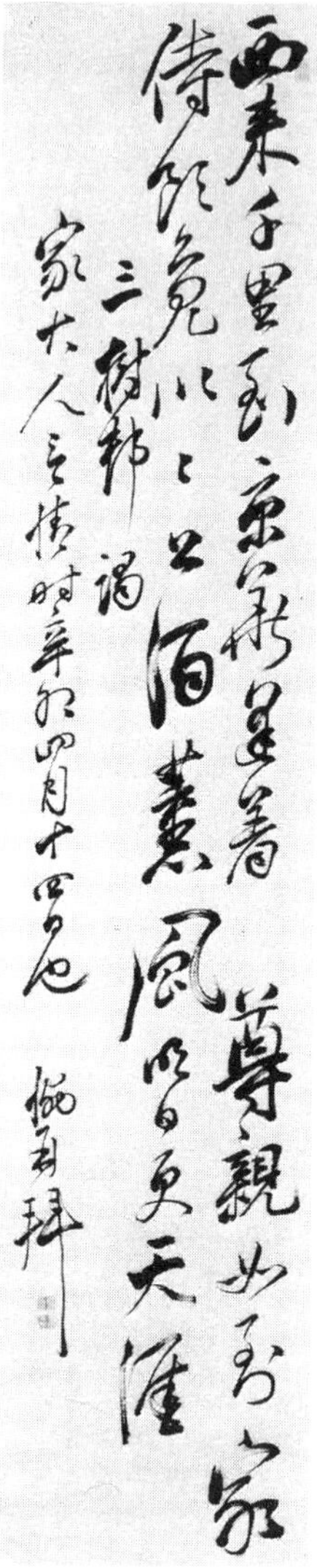

【図版19】 **頼聿庵書「謁家大人」詩**　款記に「三樹邨謁家大人言情、時辛卯四月十四日也」とあり、この詩が天保二年（一八三一）四月一四日に山陽を水西荘に訪ねた折の感慨を詠じたものであることがわかる。この時が父子の今生最後の面会となった。頼山陽旧跡保存会所蔵。『没後百五十年 頼山陽展』（頼山陽旧跡保存会・日本経済新聞社、一九八二年刊）より。

【注釈】　○**家君**…父親。家厳《かげん》。春水をいう。　○**東遊**…東に旅する。ここでは春水が広島から上京したことをいう。春水の上京は文化一〇年四月のことで、山陽と和解し、ともに宇治や京都などに遊んだ。同月二三日大坂を発して帰途に就いたが、本詩はその別離を詠じた作。　○**児協**…長男の元協（一八〇一～五六）。字は承緒、通称は餘一《よいち》。後に聿庵《いつあん》と号した。山陽が最初の妻御園淳子《みそのじゅんこ》との間にもうけた子で、この時、一三歳であった。山陽が廃嫡《はいちゃく》されたため、春水歿後は広島藩儒を継いだ（図版19参照）。〇**旬餘**…一〇日余り。〇**西宮**…摂津国西宮。現在の兵庫県西宮市。〇**父執**…父の友人である菅茶山。〇**遣吾東**…私を東上させた。ここでは茶山が山陽の上京を許したことをいう。〇**西悲**…西のかた、広島の方に向かって悲しむ。〇**定省**…親の寝具を調えること（定）と親のご機嫌をうかがうこと（省）。親に孝行を尽くすことをいう。『礼記《らいき》』曲礼《きょくらい》上に「昏《こん》に定めて晨《あした》に省《かえり》みる」とあることによる。〇**白雲**…白雲は、両親の住む郷里を象徴する。64頁の［注釈］を参照のこと。〇**養痾**…病気を治療する。〇**辞**…弁解する。ここでは病気治療中であったということを親不孝の弁解にするという意味。〇**靦然**…厚かましいさま。恥もせず平気でいるさま。自嘲気味にいうもの。『国語《こくご》』越語《えつご》下に「余 靦然《てんぜん》として人面なりと雖《いえど》も、吾 猶お禽獣《きんじゅう》のごときなり」とある。〇**孫**…聿庵をいう。〇**父執報**…茶山からの許しの知らせ。山陽は春水が上京するのを良い機会と待ち受けて、父との和解を図るつもりであった。しかし、父の友人菅茶山の塾を辞して京に出たことについては、茶山その人とも大いなるわだかまりを生じていたため、茶山の許しなくして春水と面会、そして和解することは不可能であった。そこで山陽は、もう一人の父の友人である篠崎三島《しのざきさんとう》に茶山への仲介を頼み、茶山から春水と山陽とが和解することへの許諾を得たのである。〇**上国**…上方の雅称。〇**団円**…家庭が仲むつまじく平穏であること。白居易《はくきょい》の詩「自詠老身示諸家属」に、「家居は濩落《かくらく》と雖も、眷属《けんぞく》は幸《さいわ》いに団円なり」とある。〇**溯水**…川をさかのぼる。川は、ここでは淀川で、これをさかのぼって京に入ったことをいう。〇**安頓**…落ち着く。くつろぐ。南宋・楊万里《ようばんり》の詩「悶歌行」に、「客心《かくしん》未だ便《べん》ならず 安頓する無《な》し」とある。〇**一廛**…一軒の宿屋。〇**桂玉**…京都。薪が桂よりも高く、米が玉よりも高い都会であることからいう。桂玉之地。また物価の高いことをもいう。『戦国策《せんごくさく》』楚《そ》三に、「楚国の食は、玉より貴《たか》く、薪は桂より貴《たか》し」とある。

○**甘旨**…味が良い。うまい。○**周旋**…めぐりまわって世話をする。○**探勝**…景勝地をたずね歩く。ここでは宇治や京都等の観光地をまわったことをいう。○**負剣**…背負ったり、抱きかかえたりして世話をする。「負」は、背中にせおうこと。「剣」は脇にかかえること。○**随跟**…あとにしたがう。後ろから付いていく。「跟随《こんずい》」として、明代の通俗小説等にも頻見する、いささか白話的な語彙。○**仆顛**…たおれる。『論語《ろんご》』季氏《きし》に「顛《くつがえ》りて扶《たす》けず」とあるのを、逆に用いた表現。○**輿**…二人で担ぐ駕籠。○**菟道**…宇治の雅称。現在の京都府宇治市。○**澱川**…淀川の雅称。○**衾枕**…ふとんとまくら。旅行で寝食をともにしたことをいう。○**兜鍪山**…甲山の雅称。西宮市の西北に位置する。○**韈**…革たび。ここでは、「吾韈」を〝結ぶ〟という表現になっているので、たびをはいた足回《あしまわ》りの緩みを締め直す意となろう。○**留連**…ぐずぐず、のろのろするさま。別れを惜しんで、ぐずぐずする。○**無二**…二心がない。嘘偽りがないこと。○**烟**…霞がかかっている。叙景に用いられる「烟（煙）」は、大抵の場合が、かすみ・もやなどで辺りがけぶった状況を表現する。

【詩式】 五言古詩。下平声第一「先」韻の年・懸・然・肩・円・纏・旋・顛・川・連・烟と上平声第一五「刪」の山（第二〇句目末）との通韻《つういん》。

この詩は文化一〇年四月末の作であり、山陽は文化六年一二月に廉塾のある神辺へと旅立って以来、約四年ぶりの春水との面会であった。文化八年閏《うるう》二月に茶山のもとを去ったことによって蒙っていた勘気《かんき》を、山陽はようやく解くことができたのである。春水は山陽の長男聿庵を伴って四月に上京、有馬温泉《ありまおんせん》に遊んだ。その後、大坂にて山陽と再会した。頼家三代が水入らずで寝食をともにし、数日にわたって京都や奈良の旧跡《きゅうせき》を経巡《へめぐ》った。そして、広島に帰る春水・聿庵と、西宮において名残《なごり》を惜しみつつ別れた。聿庵にとっては、父親らしいところの全くない山陽ではあったであろうが、親子は泣いて別れたのであった。

なお、山陽と春水との親子関係について、徳富蘇峰は次のようなコメントを残している。

山陽は不孝の子にあらず、春水は不慈《ふじ》の父にあらず。但だ父子性情相《あ》い同じからざるものあり、為《た》めに父は子を了解する能《あた》わず、子は父に同情する能わず。遂《つ》いに子の年少気鋭《きえい》にして、情火の猛烈にして、自恃心《じじしん》の熾盛《しせい》なると、父の厳謹方正にして、尋常格式の裡《うち》に宛転《えんてん》たると、衝突《しょうとつ》して一時悲惨《ひさん》の歴史を見るに到りしが如し。

（森田思軒『頼山陽及其時代』第一章「山陽論に就いて」九所載の徳富蘇峰評語）

こうした不幸な親子の衝突に、父親六八歳、子供三四歳にして、ようやく折り合いがついたのであった。

この父子の和解については、市島春城《いちしましゅんじょう》『随筆頼山陽《ずいひつらいさんよう》』第一章・六「父子再会」が興味深い資料を提供する。それは、山陽が母梅颸に宛てた書簡である。その中で山陽は母に対して、こうして父の勘気は解けたのであるから、どうか上京して頂きたいと切実な想いを書きつらねている。

何卒《なにとぞ》あなた様《さま》に拝顔仕《はいがんつかまつり》、積《つも》る御話仕度《おはなしつかまつりたく》、是計只今《こればかりただいま》に而《て》は相考申居候《あいかんがえもうしおりそうろう》。

（頼山陽「文化一〇年七月五日附　梅颸宛書簡」。市島春城『随筆頼山陽』第一章・六所収）

母に会いたいという、子どものような正直な気持ちが、これほど吐露《とろ》された言葉もあるまい。

3　怪来客裡　宵宵の夢――結婚と帰省

三五歳　文化一一年（一八一四）

山陽はいまだ一個の貧乏儒者であったが、妻を娶《めと》った。文化一一年二月のことであった。妻は、知友であった小石元瑞《こいしげんずい》のもとに奉公していた梨影《りえ》という女性である。この梨影こそが、後に支峰《しほう》（通称、又二郎）と鴨厓《おうがい》（通称、三樹三郎）を生んだ女性である。夫婦仲はきわめて良好であったという。それを示すエピソードを一つ。

後年、文壇に名を挙げた山陽は、京洛《けいらく》の俚謡《りよう》に歌われるまでになった。坂本箕山『頼山陽』に拠れば、次のような俚謡《りよう》が流行したのだという。

さて頼《らい》さんのおしものは、川魚《かわうお》に赤味噌《あかみそ》、葱小口切《ねぎこぐち ぎ》り、慈姑《くわい》の丸《まる》だま、大根豆腐《だいこんとうふ》に雲丹《うに》うるか、駱駝《らくだ》に瓢箪《ひょうたん》、伊丹酒《いたみざけ》。

（坂本箕山『頼山陽』結婚）

これは山陽の好んだものを列挙した俚謡である。そのうち「駱駝」とは、当時の隠

【図版20】　駱駝図　高力猿猴庵『絵本駱駝具誌』（名古屋市博物館資料叢書3-14、猿猴庵の本、2007年刊）より。

語で、夫婦同伴で外歩きをすることをいう。このように歌にうたわれ囃《はや》し立てられるほど、山陽と梨影とが連れだって外出する様は仲睦《なかむつま》まじく、人目を惹《ひ》いたのであろう。ちなみに、オランダより駱駝が渡来したのは、文政四年七月のことであった。雄雌《おすめす》二頭の駱駝が献上され、後に二頭で常に見世物《みせもの》にされたため、上記の〝駱駝〟という隠語が流行《はや》ったとされる。この駱駝については、名古屋の文人高力猿猴庵《こうりきえんこうあん》の著作である『絵本駱駝具誌《えほんらくだぐし》』が、当時の見世物小屋《みせものごや》の様子までを詳細に図示しており、参考となる。名古屋市博物館資料叢書として影印本（二〇〇七年）が刊行されているので、こちらを御覧頂きたい（図版20参照）。

この年の今一つの特記事項は、八月に帰省したことである。文化六年の歳末に神辺へと出立《しゅったつ》して以来、おおよそ五年振りの郷里であった。

踰松子山（松《まつ》子《こ》山《やま》を踰《こ》ゆ）

路入郷州奈険何
長亭短堠万坡陀
怪来客裡宵宵夢
如此窮山容易過

路《みち》は郷州《きょうしゅう》に入《い》りて険《けわ》しさを奈何《いかん》せん
長亭短堠《ちょうていたんこう》　万《よろず》に坡陀《はだ》たり
怪来客裡《かいらいかくり》　宵宵《しょうしょう》の夢《ゆめ》
此《かく》の如《ごと》き窮山《きゅうざん》も容易《ようい》に過《す》ぎしを

【現代語訳】　道は郷里に入ったが、この険しさはどうしたものか。宿駅《しゅくえき》や一里塚《いちりづか》もすべて高く低く続く山道のうちにある。何ともいぶかしく思う、旅寝のうちの夜ごとの夢で、こんな深い山をたやすく越えて行ったなんどということを。

【注釈】　○**松子山**…旧山陽道の竹原と西条四日市（東広島市）との間にある峠。山陽はこの峠を越えて、八月二三日に広島に帰着した。文化六年師走《しわす》以来、およそ五年振りの帰省であった。その折の心境を山陽は、「孤枕《こちん》　曽《かつ》て労《ろう》す　千里の夢、一灯　初めて話す　五年の心」（「到家」）と詠じている。　○**奈険何**…この険しさをどうすればよいのか。『奈何』が目的語をとる場合の用法については、36頁の［注釈］を参照のこと。山陽にしてみれば父との和解がなったばかりの帰省であり、郷里を懐かしく思うと同時に、その郷里での自分に対する心ない態度やあからさまな反感なども予想されたであろう。してみると、この郷里の山路の「険」は、山陽の心情を反映する、象徴的な表現とも読めるであろう。○**長亭**…一〇里ごとに置かれた宿駅。立場《たてば》。○**短堠**…一里塚《いちりづか》。○**万**…すべて。みな。○**坡陀**…高低のあるさま。

35頁の［注釈］参照。○**怪来**…何と不思議な。「来」は、強調の意で添えられる助字。○**客裡**…旅先。旅にある間の意。○**宵宵**…用例を見ない。「夜《仄》夜《仄》」とすべくも平仄が合わず「宵《平》宵《平》」とする。夜ごとの意であろう。○**窮山**…深山。険しい山。

【詩式】　七言絶句。下平声第五「歌」韻で、何・陀・過が韻を踏む。

この詩の背後にある山陽の心情を、森田思軒は以下のように語っている。

渠《かれ》の「帰省到尾路志喜」「踰松子山」「到家」の諸作を見るに、渠の良心の如何《いか》に愉悦《ゆえつ》したりしぞ。蓋《けだ》し渠は已《す》でに漸《よう》やく、其の既往《きおう》の放縦《ほうしょう》を悔悛《かいしゅん》しはじめしなり。

（森田思軒『頼山陽及其時代』第一章「山陽論に就いて」九）

この思軒の見解に対して、徳富蘇峰は評語において「『漸く』の二字、少しく山陽の心事にあらざるに似たり」と反駁《はんばく》する。つまり、山陽の悔悛は、廉塾を辞去して京都に赴いた時点ですでに胸中にあったのであって、この帰省の際にだんだん心に芽生えて来たのではない、という主張である。

第一章の末尾に引用した頼惟勤氏の言に、山陽の上京は「第二次の脱藩に当る行動であった」とあった。確かに事実としては、ふたたびの脱藩であったであろう。しかし、止むに止まれぬ行動であって、その心中には蘇峰のいう通り「悔悛」の念があったことを、私もまた疑わない。

4　不肖の子　焉ぞ能く其の徳行を言わんや——父の死

三七歳　文化一三年（一八一六）

父との和解を果たした山陽は、遠く離れた京都から広島なる父親を思う詩を作っている。

寄題家大人紙帳
冰紋四壁想軽明
擁護老眠応有情
嘱汝莫遮思子夢
放教容易到京城

（家大人《かたいじん》の紙帳《しちょう》に寄《よ》す）
冰紋四壁《ひょうもんしへき》　軽明《けいめい》を想《おも》う
老眠《ろうみん》を擁護《ようご》して応《まさ》に情有《じょうあ》るべし
汝《なんじ》に嘱《しょく》す　子《こ》を思《おも》うの夢《ゆめ》を遮《さえぎ》る莫《な》く
放《はな》ちて容易《ようい》に京城《けいじょう》に到《いた》らしめよ

【現代語訳】　氷の結晶のような模様の紙帳は四方を取り囲んでいるが軽くて明るそうだ。年老いた父上の眠りをきっと思いやってくれているのであろう。されどお前に申しつけておくぞ、父親の子供を思う夢を遮ることなく、ときはなって都までたやすく来られるようにすることを。

【注釈】　○**家大人**…父。春水をいう。　○**紙帳**…紙製のかや。防寒のためにも用いられた。蚊帳《かや》は広島藩の名産品の一つであったという。　○**冰紋**…氷の結晶のような花柄模様。　○**老眠**…老人の睡眠。用例を見ぬ語ではあるが、ここでは年老いた父の眠りをいう。　○**有情**…思いやりがある。なさけがある。　○**嘱**…いいつける。たのむ。　○**思子夢**…子供のことを思う夢。わが子山陽がどうしているかと夢で思うこと。『詩経《しきょう》』邶風《はいふう》・二子乗舟《にしじょうしゅう》に、「願《つね》に言《われ》は子を思う、中心は養々たり」とある。○教…使役の用法。「使」と同じく訓読する。

【詩式】七言絶句。下平声第八「庚」韻で、明・情・城が韻を踏む。起句と結句の脚に、それぞれ畳韻語《じょういんご》（「軽明」と「京城」）を置く工夫がある。

懐かしく父親を思い返す山陽の気持ちをあざ笑うかのように、天の命《めい》は苛烈《かれつ》であった。春水は文化一三年二月一九日、病のため身罷《みまか》った。享年《きょうねん》七一であった。江木鰐水「山陽先生行状」に拠れば、春水危篤の報が届いた時、山陽は門生に『荘子《そうじ》』を講義していた。すぐさま書物を放り出して旅支度《たびじたく》をし、昼夜兼行《ちゅうやけんこう》で広島へと急いだが、到着した時にはすでに間に合わず、春水は殯し葬儀も終わっていた。山陽はその残念無念さを忘れかね、それ以来、二度とは『荘子』を講義しなかったという。

山陽は叔父杏坪に命ぜられて、父春水の行状をすぐさま執筆した。五千字にも及ぼうとする長文の行状は、末尾近くに到って自らの慚愧《ざんき》の念を披瀝《ひれき》することを、おもむろに始める。

襄《じよう》や不肖《ふしよう》 緒業《しよぎよう》を承纘《しようさん》する能《あた》わず、客土《かくど》に游寓《ゆうぐう》し、久《ひさ》しく定省《ていせい》を曠《むな》しくす。而《しこう》して先君《せんくん》 猶《な》お其《そ》の分《ぶん》に随《したが》い身《み》を立《た》つるを望《のぞ》む。時《とき》に一《ひと》たび帰覲《ききん》し、左右《さゆう》に侍《じ》せんと欲《ほつ》すれど、輒《すなわ》ち呵責《かしやく》して之《これ》を遣《や》り、未《いま》だ嘗《かつ》て恋惜《れんせき》せず。曰《いわ》く、「吾《われ》 大坂《おおざか》に在《あ》りしとき、先君《せんくん》も是《かく》の如《ごと》し」と。其《そ》の疾《やまい》に及《およ》べども、又《ま》た誡《いまし》めて告《つ》ぐること勿《なか》らしむ。病革《やまいあらた》まるに至《いた》り、乃《すなわ》ち奔《はし》り赴《おもむ》き来省《らいせい》すれば、則《すなわ》ち已《すで》に及《およ》ぶ蔑《な》し。攀号躄踊《はんごうしゆくよう》し、五内崩裂《ごないほうれつ》す。家叔《かしゆく》 既《すで》に葬儀《そうぎ》を弁《つと》め、襄《のぼる》をして平生《へいぜい》の履歴《りれき》を綜核《そうかく》せしむ。不肖《ふしよう》の子《こ》 焉《いずくん》ぞ能《よ》く其《そ》の徳行《とくこう》を言《い》わんや。

（頼山陽「先府君春水先生行状」）

【現代語訳】 わたくし襄《のぼる》は父に似ぬ愚か者で、父の家業である広島藩儒《ひろしまはんじゅ》を受け継ぐこともできず、よその土地に仮住まいし、長く親孝行もしなかった。それでも亡き父は、私が分相応に身を立てることを望んでおられた。ある時のこと、広島に帰省して、その身の回りにあってお世話をしたいと思ったが、そのたびごとに父は私を叱って追いやり、一度も子供に恋々《れんれん》とされることはなかった。そして言われた、「私がかつて大坂にいた頃、私の亡き父もこうだったのだ」と。さらに病気となっても、家人に命じて私に知らせないようにされた。病気が危篤となって、ようやく急ぎ帰省したところ、もはや間に合わなかった。大声で胸を打って泣き、地団駄《じだんだ》を踏んで哀しみ、五臓《ごぞう》はやぶれた。杏坪《きょうへい》叔父が葬儀を取り仕切り、わたくしに父の一生の事《じ》蹟《せき》をまとめて調べよといわれた。しかしながら、愚か者のわたくしが、どうして亡き父の道徳的な行いについて、あれこれいえようか。私には全くその資格がないのだ。

【注釈】　○**不肖**…父に似ない愚か者。　○**緒業**…父が子へと伝える業績。ここでは、広島藩儒という家業。　○**承纉**…受け継ぐ。「纉」は、「纘」の異体字。　○**客土**…よその土地。「客」は、郷里から離れて外にいること状況をいう。　○**游寓**…郷里を離れて仮住まいする。山陽が、広島から離れて京都に住むことをいう。　○**定省**…親に孝行を尽くす。77頁の【注釈】を参照のこと。　○**曠**…何もないこと。本来すべきことを欠いた状態であること。　○**先君**…歿した父をいう。ここでは、春水を指す。　○**帰覲**…帰省して父に会う。　○**遣**…追いやる。あちらへ行かせる。　○**恋惜**…子に対する恋々たる情をいう。ここでは、子供に対して度の過ぎた、強い愛着の念を示すことをいう。　○**先君**…この先君は、春水の亡父亨翁《こうおう》を指す。　○**病革**…病状が重篤となる。命があやうくなる。　○**蔑**…「な（し）」と訓読し、否定の意を表す。「無」と同義。　○**攀号**…死者を悼んで号泣する。黄帝《こうてい》が龍に乗って天に昇った時、臣下たちは附いて行くことができず、龍の髯《ひげ》を抱いて号泣《ごうきゅう》したという故事に因む。攀髯《はんぜん》とも。　○**躄踊**…泣きながら胸を打ち、地団駄《じだんだ》を踏む。死者に哀悼《あいとう》の意を表す意。　○**崩裂**…やぶれくだける。　○**綜核**…まとめて調べる。ここでは、経歴の細部まで調べあげることをいう。

【図版21】 広島頼家の墓所
所在地は広島市南区比治山町。「頼家之墓」として、広島県の文化財に指定されている。

行状に、「死ぬ直前に床を変えさせ、お城のある北を向いて死んだ」と特筆してあるほど、主君に忠義を尽くす律儀者《りちぎもの》であった春水は歿した。山陽にとっては口うるさく、厳格な存在であった父は鬼籍《きせき》に入り、もはや自分に説教をすることもない、過去の人となった。この時点において、山陽と春水との親子関係は真の意味において修復が完了したと私は考える。もう現実に存在しない父は、歴史上の人となり、ひたすら尊敬すればよい存在として山陽の胸中にあった。行状の筆を執りながら、山陽は父の良き思い出だけにひたっておればよかったのである。

春水の亡骸《なきがら》は、比治山《ひじやま》のふもとにあった安養院《あんよういん》に葬《ほうむ》られ、墓石は今も家族のそれと共に残っている（図版21参照）。

第三章　壮年時代後期——九州遊歴とその後

1　酒間　涙有り　暗に襟を沾す——下関～博多

三九歳　文政元年（一八一八）

文政元年二月に広島において春水三回忌を執り行い、山陽は門人の後藤松陰《ごとうしょういん》を伴って九州遊歴の旅に出た。この旅は山陽の生涯にあって大きな転機となり、加えて旅中に詠んだ詩を集めた「西遊稿《せいゆうこう》」上・下（『山陽詩鈔』巻三・四所収）には佳作が多い。そこで本章では、九州遊歴中の作を可能な限り多く取り上げ、山陽の歩いた路を詩文に拠りながら、たどりなおしてみることにしよう。

三月半ばに山陽は下関《しものせき》（山口県下関市）に到着し、一月以上をここに滞在した。

阿弥陀寺《あみだじ》辺りの酒楼に遊んだり、摂津《せっつ》の銘酒《めいしゅ》の美味なることを初めて知ったり、当地の名物である河豚鍋《ふぐなべ》に舌鼓《したつづみ》を打ったりしたことが、残された詩からわかる。その中でも、赤間神宮《あかまじんぐう》あたりから周囲を望んで「壇浦行《だんのうらこう》」を詠じたことには注目しておきたい。詩中に「南《みなみ》 予山《よざん》を望めば青一髪《せいいっぱつ》、海水漸《ようや》く狭《せ》ばまりて嚢《ふくろ》の括《くく》らるるが如し」とあることには注意を要する。これは眼前の壇ノ浦の光景を描写するもので、南の方角には髪の毛一筋ほどの大きさに緑の伊予《いよ》（愛媛県）の山が見え、目の前の浦は関門海峡《かんもんかいきょう》がだんだん狭くなって来る処で、ちょうど袋の口をしばったかのようになっていると山陽はいう。確かに山陽のいう通り、天気の良い日には遥かに四国を望むことができ、今もなお関門海峡は船乗りを悩ます狭くて激流の渦巻《うずま》く海峡である。特に「南 予山を望めば青一髪」の詩句は、いかにも山陽らしいスケールの大きな句作りであるが、実はこれには典拠があり、

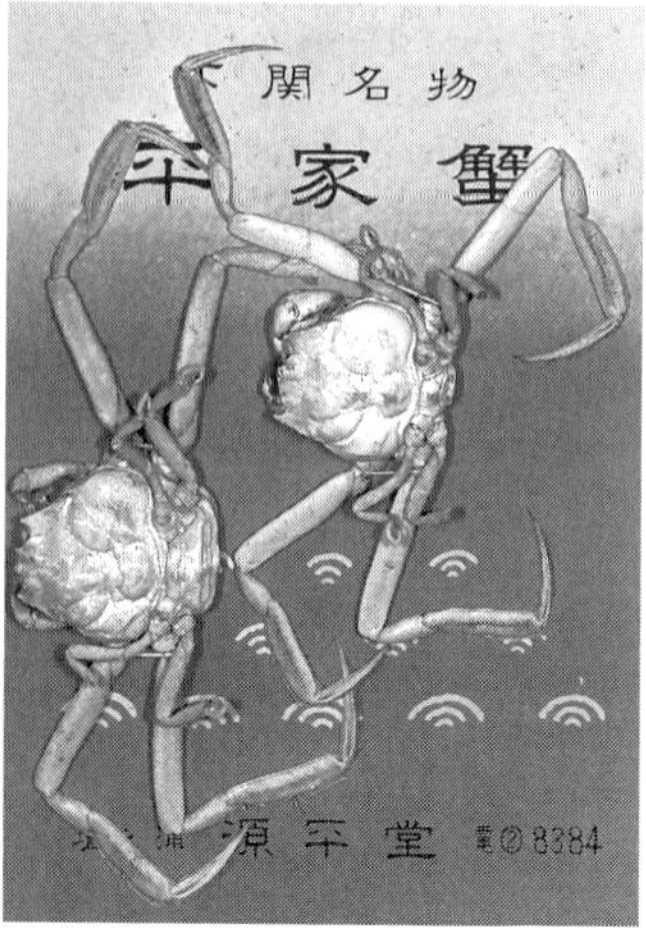

【図版22】 平家蟹標本

下関名物として、かつて土産物屋で販売されていたもの。

後にこの句の着想を山陽はかの有名な古詩「泊天草洋」に転用もしている。詳しくはその詩の項（109～116頁参照）で触れたいと思う。

古詩「壇浦行」の中で山陽は「独り介虫《かいちゅう》の姓平《せいへい》と喚ぶもの有り」と詠じ、関門海峡に生息する平家蟹《へいけがに》（図版22参照）にも触れている。こうした各地の風物を実見し、それを詩に詠ずることが今回の九州遊歴の大きな目的の一つであった。「詩囊《しのう》を肥《こ》やす」という言葉があるが、これは詩の草稿を収める袋をいっぱいにするという意味で、そこから転じて漢詩人としての詩情や着想を豊かにすることをいうようにもなった。まさしく山陽の旅は「詩囊を肥やす」ためのものであった。

山陽は、四月末に九州に上陸し、長崎街道《ながさきかいどう》を西へと下って行った。そして、博多《はかた》に入り、旧知の福岡藩儒亀井昭陽《かめいしょうよう》を訪ねた。その折に詠じた詩を見ておこう。

亀井元鳳招飲、賦贈　（亀井元鳳《かめいげんぽう》の招飲《しょういん》、賦《ふ》し贈《おく》る）

藝城分手夢空尋　藝城《げいじょう》に手《て》を分《わ》かちてより夢《ゆめ》に空《むな》しく尋《たず》ね

雞黍今朝喜盍簪　雞黍《けいしょ》　今朝《こんちょう》　盍簪《こうしん》を喜《よろこ》ぶ

四海文章纔屈指
一杯醽醁且論心
高林擁屋鶴巣穏
積水当窓鵬影沈
風樹知君同我感
酒間有涙暗沾襟

四海《しかい》の文章《ぶんしよう》 纔《わず》かに指《ゆび》を屈《くつ》し
一杯《いつぱい》の醽醁《れいりよく》 且《しば》らく心《こころ》を論《ろん》ず
高林《こうりん》 屋《おく》を擁《よう》して鶴巣《かくそう》穏《おだやか》に
積水《せきすい》 窓《まど》に当《あた》りて鵬影《ほうえい》沈《しず》む
風樹《ふうじゆ》 君《きみ》の我《わ》が感《かん》に同《おな》じきを知《し》り
酒間《しゆかん》 涙《なみだ》有《あ》り 暗《あん》に襟《えり》を沾《うるお》す

【現代語訳】 広島で別れてより夢の中に君をたずねて無駄足《むだあし》を踏んだが、今朝ぼくを歓迎する手厚い料理を前にして、こうして友人達が君のもとへはやばやと集《つど》ったことが嬉しい。席上、天下の文章家を論ずれば、やっと何人かに指を屈するばかりで、うまい酒を一杯飲みながら、しばし心を傾けて議論した。高く茂った松林は君の家を取り囲み、そこには鶴がひっそりと巣をかけ、大海原は窓に面して拡がり、そこに鵬《おおとり》の姿が沈む。孝行のしたい時分に親は無しという思いは、君もぼくと同様であることを知り、酒を飲みつつ涙がこぼれて人知れず着物の襟を濡らしたのであった。

【注釈】　○**亀井元鳳**…名は昱《いく》。元鳳は字。昭陽《しょうよう》と号した。別に月窟《げつくつ》、空石、天山遯者《てんざんとんじゃ》とも号した。南冥《なんめい》の嫡男。藩校甘棠館《かんとうかん》に教授した。長女少琴《しょうきん》は詩書画を善くする才女として知られた。元鳳は、山陽より七歳年長であった。○**藝城**…安藝《あき》の城、すなわち広島城のある広島をいう。○**分手**…別れる。山陽と昭陽が広島で別れたのは、文化四年三月のことであり、この再会までに一〇年以上の歳月を閲《けみ》している。○**雞黍**…にわとりを料理し、キビの飯を炊く。客人を手厚くもてなすことをいう。『論語《ろんご》』微子《びし》に「子路《しろ》を止めて宿《しゅく》せしめ、鶏を殺し黍を為《つく》りて之に食《くら》わしむ」とあるによる。○**盍簪**…すみやかに友人がつどうこと。「盍」は、あつまるの意で、「簪」は早く、すみやかにの意。『易経《えききょう》』豫《よ》に、「朋《とも》盍簪《あいあつ》まらん」とあるにちなむ表現。○**四海**…四方の海の意から、この世の中全体という意味で用いられる語。○**屈指**…指を折って数える。ここでは、指を折って数える程すぐれた文章家は少ないが、昭陽がその一人であることをいう。○**醽醁**…美酒。○**論心**…心を傾けて談論する。○**高林**…高い木からなる林。昭陽の住まいが福岡の百道松原《ももちまつばら》にあったことから、松林をこのように表現したものと考えられる。奥山正幹『山陽詩鈔注釈』（山陽詩鈔出版会、大正三年刊）では、「元鳳の家の青松に囲繞せられし地に在るを以って爾《し》か云えるなり」と解説する。○**鶴巣**…鶴が巣を懸けるところの意から、隠士の住むところを比喩的にいう。山陽は隠士に昭陽の姿を投影する。○**積水**…海。唐・王維《おうい》の詩「送秘書晁監還日本国」（『唐詩選』所収）に、「積水 極むべからず、安《いず》くんぞ知らん滄海《そうかい》の東」とある。○**当窓**…窓に向かって。○**鵬影**…鵬のすがた。亀井昭陽の父南冥の号は、『荘子《そうじ》』逍遥遊《しょうようゆう》に見える文章「鵬の南冥に徙《うつ》るや、水の撃すること三千里」を踏まえており、ここで山陽が「鵬影」と詠ずるは暗に南冥をいうもの。すなわち〝鵬影沈〟とは、南冥が物故したことを比喩的に表現した。○**風樹**…親孝行をしようと思っても両親がそれを待たずに先に亡くなってしまうことを嘆く。俗にいう、「孝行のしたい時分に親は無し」（『誹風柳多留』22篇）と同様の気持ち。「風樹之嘆《ふうじゅのたん》」ともいう。『韓詩外伝《かんしがいでん》』九に「樹 静かならんと欲すれども風 止まず、子 養わんと欲すれども親 待たざるなり」とあるに拠る。

【詩式】 七言律詩。下平声第一二「侵」韻で、尋・簪・心・沈・襟が韻を踏む。

【図版23】 頼山陽を描いた絵葉書
戦前に発売されていた絵葉書で、書斎で眼鏡をかけて執筆する山陽の姿を描いたもの。

木崎好尚『頼山陽と其母』に拠れば、山陽はこの九州旅行中にたえず眼鏡をしていたらしいので（図版23参照）、その眼鏡をしばし外して涙をぬぐうことがあったかもしれない。なお、この後山陽は昭陽とともに福岡の名勝地である海《うみ》の中道《なかみち》を見に行ったり、昭陽の娘である少琴の墨竹の絵に賛《さん》を添えたりした後、五月一七日に博多を出発した。太宰府《だざいふ》に立ち寄り、一路佐賀《さが》へと向かったのである。

憶家（家《いえ》を憶《おも》う）

客蹤乗興輒盤桓
筐裡春衣酒暈斑
遥憶香閨灯下夢
先吾飛過振鰭山

客蹤《かくしょう》　興《きょう》に乗《じょう》じて輒《すなわ》ち盤桓《ばんかん》
筐裡《きょうり》の春衣《しゅんい》は酒暈斑《しゅうんはん》たり
遥《はる》かに憶《おも》う　香閨灯下《こうけいとうか》の夢《ゆめ》
吾《われ》に先《さき》んじて飛《と》び過《す》ぎん　振鰭山《ひれふりやま》

【現代語訳】　これまでの興にまかせた気ままな旅は、なおもぐずぐずするばかり。行《こう》李《り》にしまった春の衣服には酒の染《し》みが斑《まだら》模様に付いたまま。遠く京都の家を想い起こせば、灯火《ともしび》をつけた寝室の夢の中で、妻のたましいは飛んで行って、私よりも先に鰭振山《ひれふりやま》を越えて行ったのではあるまいか。

【注釈】　○**客蹤**…これまでの旅の足跡。　○**輒**…それでもなお。依然として。　○**盤桓**…ぐずぐずして、先へと進まない様。　○**筐裡**…筐は竹で編んだはこ。衣類等を収める行李をいう。　○**春衣**…春に着る衣服。すでに季節は真夏（五月）であり、衣替《ころもが》えをして春衣は行李にしまってある。　○**酒暈**…酒が衣服にこぼれて滲《にじ》んだ部分。酒染《さかじ》み。　○**香閨**…年若い女性の、かぐわしい寝室。ここでは妻梨影《りえ》（二二歳）がやすむ京都の家を想起する。　○**先吾飛過**…私よりも先に飛んで行ってしまう。ここでは夫を慕う梨影の夢魂が山陽よりも先に肥前長崎《ひぜんながさき》方面へと飛んでゆく、という意で解釈した。これは、奥山正幹『山陽詩鈔注釈』が結句を「肥前松浦《まつら》郡の振鰭山を飛び踰《こ》えて、吾れの未だ筑前に居るを知らずして、吾れに先《さき》ちて肥前長崎地方に、吾妻《わがつま》の思夫《しふ》の夢魂は往《ゆ》き通うなるべしとの意なり」と解釈することに拠った。

○**振鰭山**…現在の佐賀県唐津《からつ》市東部にある鏡山《かがみやま》のこと。眼下に松浦湾《まつらわん》が広がり、虹《にじ》の松原《まつばら》を見下ろす名勝地。領巾振山《ひれふりやま》とも。この山は、朝鮮半島へと出征する夫大伴狭手彦《おおとものさでひこ》を領巾《ひれ》を振って見送り、その後に夫を恋い慕う情から石となってしまったという、松《まつ》浦《ら》佐用姫《さよひめ》伝説の舞台である。なお、振鰭山《仄平平》という表記は本来であれば鰭振山《平仄平》とする方が良いが、ここでは平仄の都合でこのようにした。

【詩式】 七言絶句。押韻は上平声第十四「寒」韻の桓と、上平声第十五「刪」韻の斑・山とを通韻《つういん》させる。

この詩を詠じた時、山陽はまだ筑前博多に滞在していた。この詩の面白味は、まだ筑前にいる山陽よりも先に、京都にある妻梨影が夢の中で鰭振山を飛び越えて行ってしまったのではないかと歌う結句にある。起句の、ぐずぐずと捗《はかど》らない旅程を詠ずることが伏線となっており、夫がもはや鰭振山を越えて肥前国長崎方面にいると思い込んだ妻が、夢の中でそちらへと思いを馳せるという趣向《しゅこう》である。鰭振山をここに持ち出したのは、夫を慕うあまり石になってしまった松浦佐用姫伝説の舞台であることを踏まえ、梨影が夫を慕う情が佐用姫と似通うことを表現しようとしたものであろう。ゆえに、この詩を読んだ菅茶山は「子成（山陽の字）四十なれども、情痴《じょうち》未《いま》だ醒《さ》めず」と評し、山陽の恋々《れんれん》たる妻への気持ちをからかっている。年配者の眉をひそめさせるまでの、夫婦の情愛の深さが読みとれる一首である。

2　一分は是れ海　二分は山――長崎

山陽は佐賀を経て、五月末に長崎に入った。先に述べた通り、武元登登庵《たけもととうとうあん》の住んだ富観楼《ふかんろう》に住んだりしながら、約三ヶ月間長崎に滞在した。次は長崎の第一印象を詠《うた》った一首。

到長碕　（長碕《ながさき》に到《いた》る）

一分是海二分山　一分《いちぶん》は是《こ》れ海《うみ》　二分《にぶん》は山

夾海山為碧玦彎
官楼蛮館家万戸
高低山色海光間

海《うみ》を夾《はさ》みて山《やま》は碧玦《へきけつ》の彎《わん》を為《な》す
官楼蛮館《かんろうばんかん》 家万戸《いえばんこ》
高低山色《こうていさんしょく》 海光《かいこう》の間《かん》

［現代語訳］ この長崎は三分の一が海、三分の二が山である。その山が海を左右から取り囲んで青緑のカーブを作っている。そこに役所や異人館などたくさんの家がひしめき、山は高く低く海からの光に照らされつつ連《つら》なっている。

［注釈］ ○**到長崎**…山陽が長崎（長崎県長崎市）に到着したのは五月二三日のことであった。 ○**一分是海二分山**…三分した一分が海であり、その残り二分が山である。長崎の港湾が山に囲まれていることを山陽は、「瓊港《けいこう》 山は囲む 万戸《ばんこ》の烟」（「発長崎赴肥後」）と詠ずる。表現としては、唐・徐凝《じょぎょう》の詩「憶揚州」に、「天下三分《さんぶん》す 明月の夜、二分《にぶん》の無頼《ぶらい》は是れ揚州《ようしゅう》」とあるを意識するか。 ○**夾海**…山によって、左右から海がはさまれるようにあること。 ○**碧玦彎**…青緑の玉のように彎曲《わんきょく》した港湾。「玦」は、アルファベットのCのように、一部に切れ目のある佩玉。長崎はその美しい海に因んで「瓊浦《けいほ》」あるいは「玉浦」と雅称される。これを言い換えたもの。 ○**蛮館**…出島にあった異人館。 ○**官楼**…役所の高い建物。検番所《けんばんしょ》や代官所《だいかんしょ》等の役所の建物をいう。

【図版24】　頼山陽書「荷蘭船行」双鉤板刻
『新居帖』（桃花庵、弘化４年刊）巻２より。

【詩式】　七言絶句。上平声第一五「刪」韻で、山・湾・間が韻を踏む。なお、転句「官《平》楼《平》蛮《平》館《仄》」は平仄の合わない、破格となっている。そのためか、伊藤靄谿《あいけい》『山陽詩鈔新釈』では、ここを「蛮《平》館《仄》官《平》楼《平》」と改める。

山陽は、八月二三日に熊本《くまもと》に向けて出立するまでの約三ヶ月に、来舶《らいはく》した清人《しんひと》と筆談したり、詩の贈答を行ったりした。当時の来舶清人《らいはくしんじん》のなかでも一際名高い存在であった江雲閣《こううんかく》との面会を望んでいた山陽ではあったが、江雲閣が長崎にやって来なかったためにその願いを果たすことはできなかった。そのため山陽は、江雲閣と馴染《なじ》みの長崎丸山《まるやま》の遊女袖笑《そでさき》をたずねて詩を贈ったりもしている。

ただ何はさておき、この長崎滞在中のもっとも注目すべきことは、七月初めに蘭船《らんせん》が長崎に入港して来るのを目《ま》の当たりにしたことであろう。山陽は、巨大なオランダ商船が長崎の港に悠々と入ってくる様子に、まさしく驚嘆したようである。しかし驚いてばかりいては業腹《ごうはら》だとでも思ったのであろうか、オランダ商人を評して「利を逐いて貪饕《たんとう》に在り（利益を追い求めて貪欲である）」と負け惜しみを口にした古詩「荷蘭船行《からんせんこう》」（図版24参照）を作っている。その折の山陽がいかに肝を冷やしたかがうかがわれる作品である。おそらく山陽は、ずり落ちそうになる眼鏡を何度も直しながら、スケールの大きい異国の船を凝視《ぎょうし》し続けたことであろう。以下、いささか長くはなるが、山陽のオランダ船を見ての感想を、詩に即して見ておこう。

荷蘭船行　（荷蘭船《オランダせん》の行《うた》）

碕港西南天水交　碕港《きこう》の西南《せいなん》　天水交《てんすいまじ》わり

忽見空際点秋毫　忽《たちま》ち見《み》る　空際《くうさい》に秋毫《しゅうごう》を点《てん》ずるを

望楼号砲一怒嘷　望楼《ぼうろう》の号砲《ごうほう》　一《ひと》たび怒嘷《どこう》すれば

二十五堡弓脱弢
街声如沸四喧嘈
説是西洋来紅毛
飛舸往迓聞鼓鼙
両揚信旗防濫叨
船入港来如巨鼇
水浅船大動欲膠
官舟連珠累幾艘
牽之而進声謷謷
蛮船出水百尺高
海風淅淅颭罽旄
三帆樹桅施万條
設機伸縮如桔槹
漆黒蛮奴捷於猱

二十五堡《にじゅうごほ》　弓《ゆみ》　弢《とう》を脱《だつ》す
街声《がいせい》　沸《わ》くが如《ごと》く四《よも》に喧嘈《けんそう》す
説《と》く是《こ》れ西洋《せいよう》より紅毛来《こうもうきた》ると
飛舸《ひか》往《ゆ》き迓《むか》えて鼓鼙《ここう》を聞《き》き
両《ふた》つながら信旗《しんき》を揚《あ》げて濫叨《らんとう》を防《ふせ》ぐ
船《ふね》は港《みなと》に入《い》り来《き》たりて巨鼇《きょごう》の如《ごと》し
水浅《みずあさ》く船大《ふねだい》にして動《やや》もすれば膠《こう》せんと欲《ほっ》す
官舟連珠《かんしゅうれんじゅ》　幾艘《いくそう》を累《つな》ぎ
之《これ》を牽《ひ》きて進《すす》む　声謷謷《せいごうごう》たり
蛮船《ばんせん》　水《みず》より出《い》でて百尺高《ひやくしやくたか》く
海風淅淅《かいふうせきせき》として罽旄《けいぼう》を颭《ひるがえ》す
三帆《さんぱん》　桅《ほばしら》を樹《た》てて万條《ばんとう》を施《ほどこ》し
機《き》を設《もう》けて伸縮《しんしゅく》すること桔槹《けっこう》の如《ごと》し
漆黒《しっこく》の蛮奴《ばんど》　猱《さる》より捷《はや》く

升桅理條手爬搔
下碇満船斉噭咷
畳発巨礮声勢豪
蛮情難測廟謀労
兵営猶不徹豹韜
嗚呼小醜何煩憂目蒿
万里逐利在貪饕
可憐一葉凌鯨濤
譬如浮蟻慕羶臊
毋乃割雞費牛刀
毋乃瓊瑤換木桃

桅《ほばしら》を升《のぼ》り條《つな》を理《おさ》めて手《て》づから爬搔《はそう》す
碇《いかり》を下《おろ》して満船斉《まんせんひと》しく噭咷《きょうとう》し
巨礮《きょほう》を畳発《じょうはつ》して声勢豪《せいせいごう》なり
蛮情《ばんじょう》 測《はか》り難《がた》く廟謀労《びょうぼうろう》し
兵営《へいえい》猶《な》お豹韜《ひょうとう》を徹《てつ》せず
嗚呼《ああ》 小醜《しょうしゅうなん》 何ぞ憂目《ゆうもく》の蒿《こう》を煩《わずら》わさん
万里《ばんり》 利《り》を逐《お》いて貪饕《たんとう》に在《あ》り
憐《あわれ》むべし 一葉《いちよう》 鯨濤《げいとう》を凌《しの》ぐを
譬《たと》えば浮蟻《ふぎ》の羶臊《せんそう》を慕《した》うが如《ごと》し
乃《すなわ》ち雞《にわとり》を割《さ》くに牛刀《ぎゅうとう》を費《つい》やすこと毋《な》からんや
乃《すなわ》ち瓊瑤《けいよう》を木桃《ぼくとう》に換《か》うること毋《な》からんや

【現代語訳】 長崎港の西南の水平線の、その空の辺りに急に小さな糸筋のように船が見えた。番所《ばんしょ》の物見櫓《ものみやぐら》の大砲が一《ひと》たび鳴り渡るや、二五ヶ所の寨《とりで》につめた警護の者たちは袋から弓を取りだして備えに入った。街中の人声は沸《わ》き立つように騒々《そうぞう》しく、「西洋からオランダ人がやって来たぞ」と告げている。はしけ船《ぶね》が大小のたいこを鳴らしてオランダ船を出迎える音が聞こえ、日本側でもオランダ側でも合図の旗を揚げて混乱を防いでいる。港に入って来た船は、まるで巨大なウミガメのようで、海底が浅く船が大きいので今にも船底《ふなぞこ》が港の浅瀬にくっつきそうである。番所の船は玉を列ねたように何艘もつながって、大声をあげてオランダ船を引っ張ってゆく。オランダ船は海面より百尺ほどの高さで、海風《うみかぜ》がかすかにそよいで旗飾《はたかざり》をはためかせている。三本の帆柱《ほばしら》を立てて多くの縄が繋《つな》いであり、巻き上げの機械を設置して井戸の釣瓶《つるべ》のように縄を引っ張ったり、緩めたりしている。真っ黒な外国人の船員がテナガザルよりも身軽に、帆柱を登るや綱を捌《さば》いて掻《か》き集める。碇《いかり》を下ろして停船《ていせん》すると船中から大声が挙がり、号砲《ごうほう》を連続して鳴らして豪勢なことであった。海外の事情がわからないため幕府の対応策も悩ましく、守備兵の軍事上の計略も全体にゆきわたっていない。ああ、さりながらオランダ人をどうして心配する必要があろう、彼らは遠く離れた地からただ利を貪《むさぼ》りに来ているだけなのだから。かわいそうなものだ、葉っぱような船で大波を乗り越え来る様は、さながら餌《えさ》を求めてさまよう蟻が生臭い羊肉を好んでむらがっているかのようだ。オランダ人を心配し過ぎれば、おそらく鶏をさばくのに牛をさばく包丁を使うような大げさな方法になるでのはあるまいか。またおそらく美しい玉をつまらない木桃《さんざし》と取り換えるような勘違いをすることになるのではあるまいか。

【注釈】 ○**荷蘭船行**…オランダ船をうたった歌。「行」は、古詩のスタイルの一つで、歌行体ともいわれる。○**秋毫**…秋に生え替わった獣の細い毛。ひじょうに細かく小さいものを喩《たと》えて用いる。ここでは、水平線に小さな点のように見え始めた、オランダ船を表現したもの。○**望楼**…番所の物見櫓。『長崎名勝図絵《ながさきめいしょうずえ》』（長崎史談会、昭和六年刊）巻三に拠れば、港の東西に西泊御番所《にしどまりごばんしょ》と戸町《とまち》御番所（東泊《ひがしどまり》）の二つの番所があり、これらが魚鱗鶴翼《ぎょりんかくよく》の陣のようにつらなって、「若干《そこばく》の兵器《へいき》・船具《せんぐ》・火砲《かほう》等有て非常の外寇《がいこう》に備う」という警備体制であったという（図版25参照）。○**怒嘷**…はげしく吠えるように鳴る。ここでは、物見櫓の大砲が号砲を鳴らす様をいう。○**堡**《とりで》…見張りの寨。港

【図版25】 西泊御番所と戸町御番所
『長崎名勝図絵』（長崎史談会、昭和６年刊）より。

湾を警備するための寨。　○**弢**…弓をしまう袋。○**喧嘈**…人声で、さわがしい。「嘈」は、「騒」と同義で、なおかつ同韻でもある。　○**飛舸**…本船と港とを飛ぶような速さで往来する舟。はしけ船《ぶね》。　○**迓**…出むかえる。「訝」に同じ。　○**鼓鼙**…たいこ。「鼓」は小さいたいこ、「鼙」は大きいたいこ。大小のたいこを鳴らして、はしけ船が港へとオランダ船をいざなう様子を詠ずる。　○**信旗**…目印の旗。信号の旗。　○**濫叨**…秩序がみだれる。混乱する。「濫」「叨」も同義。　○**巨鼇**…巨大なウミガメ。巨大なオランダ船が水上に浮かぶ様子を、伝説上の生物である「巨鼇」に喩える。　○**動**…いつも。そのたびごとに。「輒」に同じであり、「動輒（ややもすればすなわち）」と二字で用いる場合もある。　○**膠**…水底にくっつく。『荘子《そうじ》』逍遥遊《しょうようゆう》に、「杯水《はいすい》を坳堂《おうどう》の上に覆《くつがえ》せば、則ち芥《あくた》 之が舟と為る。杯を焉《これ》に置けば、則ち膠《こう》す。水浅くして舟大なるなり」とあることに因《ちな》んだ表現。　○**謷謷**…大声をあげる。　○**淅淅**…風がかすかにそよぐ様。　○**罽旄**…毛織物の旗飾《はたかざり》。

○**万條**…多くの綱。「條」は、絹糸で編《あ》んだ縄《なわ》。○**設機**…機械を設置する。縄を巻き上げるウインチのような機械が船に設置されていることをいう。○**桔槹**…井戸の水を汲み上げる、釣瓶《つるべ》。　○**捷於猱**…テナガザルよりも素早い。「捷」は、身のこなしが軽快であること。「於」は、ここでは比較の意を表す。「猱」は、木登りが巧い、テナガザル。　○**爬搔**…爪でひっかく意であるが、ここでは縄を搔《か》き集めることをいう。　○**噭咷**…大声で叫ぶ。「噭咷《きょうちょう》」は、疊韻語であるので、「咷」は去声第十八「嘯」韻に属すると解釈すべきであるが、山陽はあえて「豪」韻として用いた。　○**畳発**…連続して発砲する。○**巨礮**…巨砲に同じ。ヨーロッパ人が伝えた大砲の意で「仏郎《ふつろう》機礮《きほう》」ともいわれる。山陽の「長崎謡十解」第三種目の結句に、「舳艫《じくろ》迭《かたみ》に放つ 仏郎機」とある。　○**廟謀**…幕府の対応策。　○**豹韜**…兵家の書『六韜《りくとう》』の篇名であり、ここから転じて軍事上の計略をいう。　○**小醜**…オランダ人を指していう。小人の意。　○**憂目蒿**…心配して見る。『荘子』駢《べん》拇《ぼ》に「仁人 蒿目《こうもく》して世の患を憂う」とあるに因む。
○**貪饕**…むさぼり食べる。ここでは、オランダ人が利に貪欲《どんよく》な様をいう。 ○**一葉**…一艘の小舟。オランダ船をいう。 ○**鯨濤**…大きな波。 ○**浮蟻**…頼成一・伊藤吉三『頼山陽詩抄』では、大蟻とする。ここでは利益を求めて海上にたゆたい、さまようオランダ人を比喩して、餌を求めてさまよう蟻としたものと解する。 ○**慕羶臊**…生臭い羊肉を好む。この表現は、『荘子』徐無鬼《じょむき》に「羊肉 蟻を慕わず、蟻 羊肉を慕う。羊肉 羶《せん》なればなり」とあることに因む。 ○**毋乃**…「毋乃〜」の形で、「乃ち〜すること毋からんや」と訓読し、〝むしろ〜ではなかろうか〟〝おそらく〜することになるにちがいない〟の意を表す。よって、「毋乃割雞費牛刀」の句は、「割雞（鶏をさばくこと）」に「費牛刀（牛をさばく包丁を使う）」ことになるのではなかろうか、という意味となる。 ○**割雞費牛刀**…鶏をさばくのに牛をさばく包丁を使う。些細《ささい》なことを処理するのに、大げさな方法・手段を用いることの喩え。『論語《ろんご》』陽《よう》貨《か》に「雞を割《さ》くに焉《いず》くんぞ牛刀を用いん」とある。
○**瓊瑤換木桃**…美しい玉と木桃とを取り換える。「瓊」「瑤」も、うつくしい玉。「木桃」は、サンザシ。『詩経』衛風《えいふう》・木瓜《ぼくか》に、「我に投ずるに木桃を以てせば、之に報ゆるに瓊瑤《けいよう》を以てす」とあることに因む。不釣り合いな物を返報することを喩える。以上、「割雞費牛刀」「瓊瑤換木桃」の二句は、オランダ人を過剰《かじょう》に意識して、これに備える事がいかに大げさであり、意味のないことであるかを比喩《ひゆ》したもの。

【詩式】 七言古詩。下平声第四「豪」韻で各句ごとに押韻し、第一句目末「交」と第十句目末「膠」は下平声第三「肴」韻で通韻《つういん》する。

この古詩に関しては、あの手厳しい菅茶山が各句ごとに険韻《けんいん》（押韻するに難しい韻）で押韻することをほめて「何等《なんら》の詩胆《したん》ぞ」と評価する通り、二八句の全てが押韻することが特徴である。そのため詩意《しい》のとりづらい箇所があることは否定できないが、山陽の意気ごみ、そして心身の充実ぶりがよくうかがわれる詩となっている。

なお、よく知られる他のエピソードとして、山陽がオランダ人の医師でナポレオンのもとに従軍した者から情報を得て、ナポレオンをめぐるヨーロッパ情勢を詠じた古詩「仏郎王歌《ふつろうおうか》」を作ったことが挙げられる。

3　雲か山か呉か越か――熊本～天草

八月末のこと、長崎から熊本へと旅を進めた山陽は、船で島原半島《しまばらはんとう》の千々石湾《ちぢわわん》（現在の橘湾《たちばなわん》）あたりを航行中に暴風に遭って九死に一生を得て、いったん島原千々石《ちぢわ》村に上陸した。坂本箕山『頼山陽』には、一軒の漁師の家に宿を借りて、宿泊料代わりに一筆揮毫《きごう》したというエピソードを紹介する。

此の時、山陽が難を避けて一夜の宿を乞うたのは、千皺洋《ちしわなだ》の西北端なる立崎岬《たてざきみさき》の辺より湾入したる千々石村にて、天川屋伍平《あまかわやごへい》と云うものの家であった。然《しか》るに山陽ここを出発せんとするに方《あた》り、嚢中《のうちゅう》一銭の貯《たくわ》えもないので已《や》むなく紙を展《の》べ筆を執り、彼の程明道《ていめいどう》が「莫辞盃酒十分酔、只恐風花一点飛」の二句を書して与え、以て宿料に報いた。

（坂本箕山『頼山陽』西遊）

この後、ようやく八月二五日に熊本に到着した。当地では父春水の友人であった藩校時習館《じしゅうかん》教授の辛嶋塩井《からしまえんせい》が暖かく迎えてくれ、宴席上ではまた父親を偲《しの》んで涙した。その折の七言律詩（「熊府辛嶋教授招飲。先人之友也。賦此奉呈、並贈在座諸儒」）の末尾には「忽ち父執《ふしゅう》に逢《あ》いて涙縦横《なみだじゅうおう》」とあり、父の友人塩井に会って、にわかに涙がぼろぼろとこぼれたと詠じている。

熊本ではこのほかにも加藤清正《かとうきよまさ》の廟に参詣して詩を作ったりもしているが、山陽にとっての大きな収穫は「泊天草洋」（以下、天草洋《あまくさなだ》という。図版26参照）という七言古詩を得たことであろう。

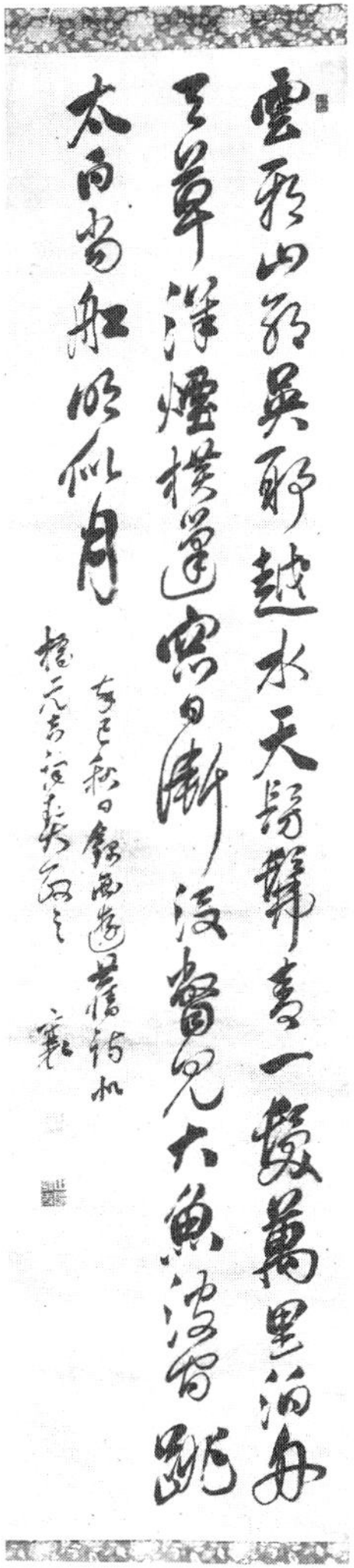

【図版26】 頼山陽書「泊天草洋」詩　文政四年（一八二一）、尾道の橋本竹下に贈ったもの。『山陽頼先生百年祭　記念遺墨帖』（頼山陽先生遺蹟顕彰会、昭和八年刊）より。

泊天草洋　（天草洋《あまくさなだ》に泊《はく》す）

雲耶山耶呉耶越
水天髣髴青一髪
万里泊舟天草洋
烟横篷窓日漸没
瞥見大魚波間跳
太白当船明似月

雲《くも》か山《やま》か呉《ご》か越《えつ》か
水天髣髴《すいてんほうふつ》　青一髪《せいいっぱつ》
万里《ばんり》　舟《ふね》を泊《はく》す　天草洋《あまくさなだ》
烟《えん》は篷窓《ほうそう》に横《よこ》たわって日《ひ》漸《ようよ》う没《ぼっ》す
瞥見《べっけん》す　大魚《たいぎょ》の波間《はかん》に跳《おど》るを
太白《たいはく》　船《ふね》に当《あた》りて明《めい》　月《つき》の似《ごと》し

【現代語訳】 雲であろうか、それとも山であろうか、はたまた呉の国であろうか、それとも越の国であろうか。海水と空とが接するあたりには、髪の毛一筋ほどの緑の陸地がぼんやりと見えている。万里も離れた遠くまで旅をして来て、天草灘《あまくさなだ》に夜を明かそうとすれば、夕もやがとま葺《ぶ》きの舟の窓あたりにたなびき、太陽はだんだんと沈んでゆく。ちらりと見えたのだ、大きな魚が波間《なみま》に勢いよく跳ね上がるのが。そのうち日も暮れて宵《よい》の明星《みょうじょう》が舟に向かって空にかかり、その明るいことは月のようであった。

【注釈】 ○**雲耶山耶**…雲であろうか、それとも山であろうか。「～耶～耶」という形で、選択疑問を表す句作りとなっている。北宋・蘇軾《そしょく》の詩「書王定国所蔵煙江畳嶂図」に、「山か雲か　遠くして知る莫し」とある。○**呉耶越**…呉の国であろうか、それとも越の国であろうか。句形は前項と同じであるが、七言とするために「呉耶越耶」とはしなかった。はるかかなた、中国の江蘇省《こうそしょう》や浙江省《せっこうしょう》あたりが見えているのであろうか、という誇張表現でもある。○**水天髣髴**…海水と空とが接するあたりは、ぼんやりとしている。「髣髴」は、ここでは、ぼんやりとしている様子をいう。○**青一髪**…緑の陸地が、髪の毛一本ほどの大きさに見える。蘇軾の詩「澄邁駅通潮閣」に、「青山一髪《せいざんいっぱつ》是《こ》れ中原《ちゅうげん》」とある。○**泊舟**…舟の中に夜泊する。先述の通り山陽は千々石湾で暴風雨にあっており、天草に夜泊したかどうかは不明。

唐・張継《ちょうけい》の詩「楓橋夜泊」のように、舟中で夜を明かすという旅情を表現しようとしたものと考える方がよい。　○**篷窓**…竹で編んだとまで葺《ふ》かれた舟の窓。　○**太白**…金星のこと。特に夕方に見える「宵の明星」をいう。

【詩式】　七言古詩。入声第六「月」韻で、越・髪・没・月が韻を踏む。

山陽の作品の中では最もよく知られ愛唱された一首であろう。それゆえに本詩の完成に至るまでの挿話もまたよく知られるので紹介しておこう（『全書』全伝に拠る）。山陽はこの詩に先立って以下のような七言絶句を得た。

眠驚船底響寒潮
天草洋中夜繋橈
太白一星光似月
波間照見巨魚跳

眠《ねむ》りて船底《せんてい》に驚《おどろ》く　寒潮《かんちょう》の響《ひび》くを
天草洋中《あまくさようちゅう》　夜《よる》　橈《じょう》を繋《つな》ぐ
太白一星《たいはくいっせい》　光《ひかり》は月《つき》の似《ごと》し
波間《はかん》　照《てら》し見《み》る　巨魚《きょぎょ》の跳《おど》るを

これを推敲して上記の古詩としたわけであるが、その際に長崎の唐通事吉村迂斎《からつうじよしむらうさい》の以下の詩を参考にしたとされる。山陽は長崎滞在中にこの詩を愛唱してやまなかったという。

三十六湾湾接湾
蜻蜓西尽白雲間
洪濤万里豈無国
一髪青分呉越山

三十六湾《さんじゅうろくわん》 湾《わん》は湾《わん》に接《せっ》し
蜻蜓《せいえん》西《にし》に尽《つ》く 白雲《はくうん》の間《かん》
洪濤万里《こうとうばんり》 豈《あ》に国《くに》無《な》からんや
一髪《いっぱつ》 青《せい》分《わ》く 呉越《ごえつ》の山

さて、この迂斎の詩を前にして、山陽の詩「天草洋」への影響を云々《うんぬん》するならば、迂斎詩結句の「一髪 青分く」の箇所が山陽詩の第二句「水天髣髴 青一髪」に、同じく「呉越の山」の箇所が第一句「雲か山か呉か越か」に影響を与えたことが素直に指摘できるであろう。ただ、ここに紹介した挿話《そうわ》が引かれる際に、このあまりに有名な古詩「天草洋」の種明《たねあ》かしをして佳作にケチをつけようとするような、やっかみが多少なりともそこにあるように感じられる場合もある。そこで、ここでは山陽の立場にたった擁護論《ようごろん》を展開してみよう。

「天草洋」の第二句に関しては本章の第一節ですでに触れておいた通り、山陽はこの旅の最初から着想を得ていたものであった。「壇浦行《だんうらこう》」中の「南 予山を望めば青一《せいいつ》髪《ぱつ》」の詩句がそれである。これは［註釈］にも書いた通り、蘇軾の詩「澄邁駅通潮閣」中の一句「青山一髪 是れ中原」を典拠とするもので、この着想を換骨奪胎《かんこつだったい》してなった詩句といえる。つまり迂斎の詩句もまた蘇軾の詩を用いて作られたものということである。

とくに山陽は「壇浦行」が詠じられた時期に、下関の人広《ひろ》江《え》殿峯《でんぽう》のもとに残した十二絶の一首の中でも「中原一髪 青何《せいいず》くにか在る」の句を作っており、この蘇軾の詩句を換骨奪胎して詩を作ろうとする意図を明確に有していたことがわかる。よってこの第二句に関しては、取り立てて迂斎詩の影響をいう必要はなく、蘇軾詩の影響を指摘すれば事足りるということになる。

しかしながら「天草洋」第一句目の、海の彼方に呉や越の雲山を見ようとする着想は迂斎詩より借り来るものであったかもしれない。山陽のこの西遊時期の詩中に九州の海が異国に近いことを詠じて、例えば「天《てん》水《みず》に連《つら》なる処 是れ台湾」（「阿嵎嶺《あくね》」）と作る詩句があるにはあるが、呉越《ごえつ》の雲山《うんざん》とした着想はない。ただ、「天草洋」の詩句が迂斎のものと別個のものになっているのは、すべて疑問形にしたところにある。第一句目の眼目が、この疑問形の不安定感にあることは、衆目《しゅうもく》の一致するところであろう。断言しない、曖昧《あいまい》な表現こそが朦朧《もうろう》と蜃気楼《しんきろう》のように海に浮かぶ島々を呉越の山々かと思わせるのである。してみると、山陽は着想の一部を迂斎詩に借りながらも、それを巧みに利用して独自の着想を表出しており、これは作詩上の伝統的な表現技法「翻案《ほんあん》」に則った正当な営みということである。

いささか山陽擁護が過ぎたかもしれない。客観的に考えれば、確かに迂斎詩の結句には「一髪 青分く」と「呉越の山」とがそろって詠じられているので、やはり「天草洋」への影響を指摘せねばなるまいと思う。佳作をめぐる一挿話として、記憶されてよいものであろう。

4　節は重陽を過ぐるも菊　未だ発かず——鹿児島、そして熊本に戻る

熊本城下から津奈木《つなぎ》（葦北郡津奈木町）を経て、国境《くにざかい》である出水《いずみ》（鹿児島県出水市）から薩摩《さつま》に入った山陽は、阿久根《あくね》（同阿久根市）で一詩を詠じた。先に引用した「天水に連なる処　是れ台湾」の句が人口に膾炙《かいしゃ》する「阿嵎嶺《あくね》」である。この後、旅行《たびゆ》くうちに重陽《ちょうよう》の節句《せっく》（九月九日）も、はや過ぎて、山陽は次の詩をよんだ。

途上（途上《とじょう》）

寒螿喞喞雑鳴蛙
村駅秋風馬影斜
節過重陽菊未発
卻看瓜架著黄花

寒螿《かんしょう》喞喞《しょくしょく》として鳴蛙《めいあ》に雑《まじ》る
村駅《そんえき》の秋風《しゅうふう》　馬影斜《ばえいなな》めなり
節《せつ》は重陽《ちょうよう》を過《す》ぐるも菊《きく》　未《いま》だ発《ひら》かず
卻《かえ》って看《み》る　瓜架《かか》に黄花《こうか》を著《つ》くるを

【現代語訳】 ヒグラシがカナカナと鳴いて蛙の鳴き声といっしょになって聞こえる。村の宿場には秋風が吹き、繋《つな》いである馬に夕陽が射して、その影がななめにのびている。時節は菊の節句の日を過ぎたけれども、菊の花はまだ咲きもしない。それどころか逆にヘチマ棚にまだ黄色い花が咲いているのが見える。

【注釈】 ○**寒螿**…ヒグラシ。寒蟬《かんせん》。『礼記《らいき》』月令《がつりょう》に孟秋《もうしゅう》の月（陰暦七月）のこととして、「涼風《りょうふう》至り、白露《はくろ》降り、寒蟬《かんせん》鳴き、鷹乃ち鳥を祭《まつ》る」とある通り、秋のはじめに鳴くセミである。富士川英郎《ふじかわひでお》氏は「つくつく法師」のことであるとする（『江戸後期の詩人たち』所収「頼山陽」条）。たしかに九州南部の平地にはあまりヒグラシは生息していないので、その可能性はある。○**唧唧**…虫や小鳥などが鳴く声。ここではヒグラシがカナカナと鳴く声。○**村駅**…村の宿場。○**重陽**…陰暦九月九日。菊の節句の日。○**卻**…逆に。「却」に同じ。○**瓜架**…瓜を育てる棚。ここではヘチマを育てる棚。○**黄花**…ヘチマの黄色い花。通常、詩において「黄花」とは菊の花をいうが、ここではそれをヘチマの花に見立てるところが工夫のありどころ。

【詩式】 七言絶句。下平声第六「麻」韻で、蛙・斜・花が韻を踏む。なお、結句第三字目の「瓜」は「麻」韻に属するので、冒韻《ぼういん》の禁忌。また、これは許容とされるが、転句が下三連《しもさんれん》「菊《仄》未《仄》発《仄》」となっている。

山陽が鹿児島でよんだ詩をもう一首見ておこう。

薩摩詞　八首之二　（薩摩の詞《うた》　八首の二）

路遇朝鮮俘獲孫
窯陶為活別成村
可憐埴得扶桑土
造出当年高麗盆

路《みち》に遇《あ》う　朝鮮俘獲《ちょうせんふかく》の孫《そん》
窯陶《ようとう》　活《かつ》を為《な》して別《べつ》に村《むら》を成《な》す
憐《あわ》れむべし　扶桑《ふそう》の土《つち》を埴《しょく》し得《え》て
当年《とうねん》の高麗盆《こうらいぼん》を造出《ぞうしゅつ》するを

【現代語訳】道で朝鮮から捕虜《ほりょ》として連れてこられた者の子孫に出くわした。製陶《せいとう》で生計を立て別に一つの村をつくって暮らしている。ああ大したものだ、日本の土をこねて、そのむかしの高麗青磁《こうらいせいじ》の鉢《はち》と同じものを作り出すなんて。

【注釈】○詞…ここでは、単にうたの意。もともと詞は詩歌の一種で詩餘《しよ》、填詞《てんし》ともいい、宋代に盛んに作られ流行した。わが国では、山陽の知友田能村《たのむら》竹田《ちくでん》が詞をよくし、『填詞図譜《てんしずふ》』なる入門書も著している。○**朝鮮俘獲孫**…「俘獲」は、捕虜。とりこ。文禄・慶長の役の際に島津義弘《しまづよしひろ》が連れ帰った朝鮮陶工《ちょうせんとうこう》の子孫。現在も沈寿官《しんじゅかん》窯など著名な薩摩焼《さつまやき》陶工が朝鮮陶工の末裔として活躍する。なお、この沈寿官窯一四代当主をめぐる小説に、司馬遼太郎『故郷忘じがたく候』（文藝春秋社、一九六八年刊）がある。○**窯陶**…陶磁器を製造する。○**成村**…朝鮮渡来の陶工だけで一つの村をつくる。苗代川《なえしろがわ》と呼ばれた地域で、現在の鹿児島県日置市東市来町美山《ひがしいちきちょうみやま》に集落はあった。○**可憐**…感嘆を示すことば。ああ大したものだ。○**扶桑**…日本。もともとは東方の扶桑の生えている国の意。唐・王維《おうい》の詩「送秘書晁監還日本国」（『唐詩選』所収）に、「郷樹《きょうじゅ》扶桑の外、主人孤島の中」とある。○**埴得**…粘土をこねる。「得」は、ここでは完了の意。○**当年**…そのころの。そのむかしの。初稿においてこの句は「依旧造成高麗盆」と作られていたが、後にこのように推敲された。菅茶山は改作後をほめて、「当年の二字こそが一首の眼目《がんもく》である」と評している。○**高麗盆**…高麗青磁の鉢。

【詩式】七言絶句。上平声第一三「元」韻で、孫・村・盆が韻を踏む。

鹿児島では藩儒の鮫島白鶴《さめしまはくかく》（図版27参照）と交わりを結んだりしたが、山陽自身が「人 触るれば人を斬り、馬 触るれば馬を斬る」（「前兵児謡」）と詠じた通り、薩摩は大変に武張《ぶば》ったお国柄《くにがら》であったので、文人頼山陽の名はほとんど評判となることはなかったようである。

山陽は鹿児島から大隅《おおすみ》に入り、十月一日に加治木《かじき》に向かって発し、大口《おおくち》を経て水俣《みなまた》に到着した。同地で郷士徳富太蔵《とくとみたいぞう》宅に宿泊した。この際にその分家筋の徳富鶴眠《かくみん》から依頼されて扁額《へんがく》に筆を揮《ふる》って「成簣《せいき》」としたためた。この扁額を仰ぎ見て成長した鶴眠の孫なる兄弟は、後に歩む道はいささか異なりはしたが、両人ともに文壇に名を成したのである。徳富蘇峰《そほう》（一八六三～一九五七）、蘆花《ろか》（一八六八～一九二七）兄弟である。

【図版27】 能勢一清画・鮫島白鶴賛「鮫島白鶴像」 弘化２年(1845)、白鶴73歳の肖像画。『黎明館企画特別展 近世薩摩の書家 鮫島白鶴の世界』(鹿児島県歴史資料センター黎明館、1997年刊) より。

蘇峰は次のように語る。

「成簣」の二字は、山陽が西遊して肥後に抵《いた》り、余が郷里葦北郡《あしきたぐん》水俣村に淹留《えんりゅう》したる時の揮毫にして、現に余の所蔵と為す。余が家慈《かじ》の膝下《しっか》に、大学章句《だいがくしょうく》の句読《くどく》を授かるや、家厳楣間《かげんびかん》の額を指して曰く、「是れは日本《ひのもと》第一の学者の書きしものぞ」と。

（森田思軒『頼山陽及其時代』所載の徳富蘇峰「緒言」）

「大学章句の句読」というのであるから素読《そどく》を始めたばかりの五、六歳くらいの思い出であろう。蘆花の生まれて間もない頃であったであろうか、母より素読を授かる際に父一敬《かずたか》（号は淇水《きすい》）が「山陽こそが日本一の学者である」と称揚《しょうよう》したという。おそらくこれに続けて、「お前もそうなるのだぞ」と激励《げきれい》したことは想像に難くない。こうした環境に人となった蘇峰は、まさしく山陽とともに人生を送ったといって過言ではない。『頼山陽』という著書があるほか、山陽の書簡集や関係書籍を多く出版したことはもとより、彼の代表的な著作に数えられる『近世日本国民史』全一〇〇巻とても山陽の『日本外史』を強く意識して執筆され始めたものである。してみると、この扁額が彼の人生の一つの方向性を決めたといっても差し支えあるまい。

なお、蘇峰は生涯この山陽筆の扁額を大切にし、書斎号は「成簣堂《せいきどう》」とした。今もなお蘇峰収集にかかる稀覯本《きこうぼん》を保管する「成簣堂文庫」も当然これに因むものである。こうした山陽癖《さんようへき》がつちかわれる素因《そいん》をなしたのが、この扁額だったのである。この蘇峰と同じような山陽体験を幼少時にした者がさらにいる。蘇峰の盟友《めいゆう》でもあった森田《もりた》思軒《しけん》である。

山陽氏が吾郷《わがきょう》に遊べる折、先王父《せんのうふ》の為《た》めに書きしと云う、吾家の「朝暮庵《ちょうぼあん》」と題せる額の下に低徊《ていかい》しては、憾《うら》むらくは生《うま》るること百年早くして、山陽氏と世を同じくせざりしことを想えるもの屡々《しばしば》なりき。
（同前）

ここに記された百年早く生まれて山陽と同時代の人でありたかったという想いこそが、後年思軒に『頼山陽及其時代』を執筆させることになるのである。

山陽が一筆ふるった扁額が、かくも後生《こうせい》の生涯を左右したと考えると大変興味深いものがあろう。

さて、山陽の旅にもどろう。山陽は水俣を発し、再び熊本に戻った。一〇月六日のことであった。この後、山陽は熊本を基点として豊後国岡《ぶんごのくにおか》藩に田能村竹田を、そして日田《ひた》に広瀬淡窓《ひろせたんそう》を訪ね、そして筑後国久留米《ちくごのくにくるめ》に樺島石梁《かばしませきりょう》を訪ねた。そのあたりのことは次節に述べることにする。

5　我を愧ず　青鞋　何れの日にか閑ならん——岡～日田～久留米

一〇月二三日、豊後国岡（大分県竹田市）に田能村竹田を訪ねた。文化一一年に鞆津《とものつ》（広島県福山市）で会って以来のことで、両者は旧交を温めたのである（図版28参照）。この後、山陽は竹田のもとを辞し、日田《ひた》に向かった。広瀬淡窓（図版29参照）に会うためである。

訪広瀬廉卿

咿唔声処認柴関
村塾新開松竹間
斗折蛇行臨筑水
竹批馬耳見豊山
羨君白首此間住
愧我青鞋何日閑

（広瀬《ひろせ》廉卿《れんけい》を訪う）

咿唔《いご》の声《こえ》する処《ところ》　柴関《さいかん》を認《みと》む
村塾《そんじゅく》　新《あら》たに開《ひら》く　松竹《しょうちく》の間《かん》
斗折《とせつ》蛇行《だこう》　筑水《ちくすい》に臨《のぞ》み
竹批《ちくひ》馬耳《ばじ》　豊山《ほうざん》を見《み》る
君《きみ》を羨《うらや》む　白首《はくしゅ》　此《こ》の間《かん》に住《す》むを
我《われ》を愧《は》ず　青鞋《せいあい》　何《いず》れの日《ひ》にか閑《かん》ならん

【図版28】　田能村竹田筆「頼山陽歓迎、洗竹荘雅集図」
文政元年（1818）、竹田42歳の作。木崎好尚『大風流田能村竹田』（民友社、昭和４年刊）より。

【図版29】　柏木蜂渓画「広瀬淡窓像」
大分県日田市の広瀬資料館所蔵。高橋昌彦編著『広瀬淡窓』（思文閣出版、二〇一六年刊）の口絵より。

且喜一尊共醒酔
細論詩律手頻刪

且《しば》らく喜《よろこ》ぶ 一尊《いっそん》 醒酔《せいすい》を共《とも》にし
細《こま》かに詩律《しりつ》を論《ろん》じて手《て》 頻《しき》りに刪《けず》るを

【現代語訳】 読書の声のするあたりに柴《しば》の戸《と》が見え、開かれたばかりの村塾は松と竹とに囲まれてあった。塾からは折れ曲がって流れる筑後川《ちくごがわ》をのぞみ、竹を削った馬の耳のように尖《とが》った峰の英彦山《ひこさん》をながめることができる。うらやましいものだ、こんな風光明媚《ふうこうめいび》な地に白髪《しらが》になるまで暮らすなんて。それにくらべて私は恥ずかしい、旅の草鞋《わらじ》がいつ無用になるかわからないのだから。それはさておき、しばらくの間は樽酒《たるざけ》を酌《く》んでいっしょに酔っ払い、あれこれと詩をめぐって論じて、詩の推敲《すいこう》をしたりすることを楽しもうとしよう。

【注釈】 〇**広瀬廉卿**…広瀬淡窓《ひろせたんそう》（一七八二～一八五六）。名は建《けん》、字は廉卿《れんけい》のほかに子基《しき》、通称は寅之助《とらのすけ》、のちに求馬《もとめ》。苓陽《れいよう》、青渓《せいけい》、遠思楼主人《えんしろうしゅじん》とも号した。豊後国日田（大分県日田市）の人。95頁に既出の亀井南冥・昭陽父子に師事した。郷里の日田に私塾桂林荘《けいりんそう》を開いて漢学を教授し始めたが、これは後に咸宜園《かんぎえん》と改名された。門人は三千人を越えたといわれ、高野長英《たかのちょうえい》・大村益次郎《おおむらますじろう》・長三洲《ちょうさんしゅう》などの逸材《いつざい》を門下より輩出した。　○**咿唔**…本を読む声。伊吾。　○**柴関**…しばでできた門。広瀬淡窓の詩「桂林荘雑詠示諸生」に、「柴扉《さいひ》 暁に出ずれば霜 雪の如し」と詠ぜられているので、正に実景であろう。　○**斗折蛇行**…北斗七星のように折れ曲がり、蛇のようにうねるさま。唐・柳宗元《りゅうそうげん》「至小邱西小石潭記」（『唐宋八家文読本』所収）に、「潭《たん》の西南よりして望めば、斗折蛇行して、明滅《めいめつ》 見るべし」とある。　○**筑水**…筑後川。　○**竹批馬耳**…馬の耳が削った竹のように鋭く尖ること。「批」は削るの意。ここでは、山が斜めに切った竹のようにそそり立つさまを表現する。なお、竹批馬耳はすぐれた馬であることの条件で、唐・杜甫《とほ》の詩「房兵曹胡馬」（『瀛奎律髄』所収）に、「胡馬《こば》 大宛《だいえん》の名あり、鋒稜《ほうりょう》として痩骨《そうこつ》成る、竹は双耳《そうじ》を批《ひ》して峻《たか》く、風は四蹄《してい》に入りて軽し」と詠われている。　○**豊山**…豊前《ぶぜん》・豊後《ぶんご》の山の意。新日本古典文学大系『菅茶山 頼山陽詩集』では、英彦山を指すと説明する。　○**青鞋**…わらじ。草鞋。　○**一尊**…一つの酒樽《さかだる》。次項「細論」とともに、杜甫「春日憶李白」に、「何《いず》れの時か一尊の酒、重《かさ》ねて与《とも》に細《こま》かに文を論《ろん》ぜん」とあるを踏まえる。　○**細論**…ことこまかに議論する。詳論。　○**手頻刪**…たびたび詩の字句をけずる。何度も詩を推敲する。菅茶山は「手頻」を「互相」に作る方がよいとする。至れりというべきであろう。

【詩式】　七言律詩。上平声第一五「刪」韻で、関・間・山・閑・刪が韻を踏む。なお、第五句目の第六字「間」は、すでに第二句目に韻字として使われているので、近体詩としては破格（一字不重用《いちじふちょうよう》）。また、第七句目の第四字「尊」が、いわゆる四字目の孤平《こひょう》となり、あわせて下三連《しもさんれん》（共《仄》醒《仄》酔《仄》）ともなっていて禁忌を犯す。これは、おそらく山陽が五字目「共」を平声と勘違いしたことに起因する。〝ども〟の意の場合は、仄声である。

山陽は淡窓より二歳年長。自分よりも若い年齢でありながら私塾を主宰《しゆさい》して落ち着きはらった淡窓の姿に、かつての自分が迎えたかもしれない未来の姿—つまり廉塾で都講を続けていた場合の、村夫子然《そんふうしぜん》とした、今とは全く違う自分の未来の姿—を見たのではないか。村夫子然として生きるのが悪いわけではない、またそれを蔑《さげす》むものでもない。それを選ぶも捨てるも、それは生き方が相違するだけである。ただその相違に気づけば、どちらかを棄てて、どちらかを選ばざるを得なくなる。こうして山陽は両親や縁故との葛藤《かつとう》に苦しみつつも、棄てる方の道を選択したのである。淡窓のような生涯を自分は送ることができないという自覚が、山陽を藩儒《はんじゆ》として生きる道を棄てさせたのであり、地方の私塾の教官として生涯を終えることを断念させたのであった。それなのに村塾の先生として自得する淡窓の姿—少なくとも山陽の眼にはそう写ったのであろう—を目にしたとき、かつての自分の前に予定調和的にひろがっていて、自分に焦燥感《しょうそうかん》を抱かせた将来像を見るかの思いがしたのでないか。よって、第五句に「君を羨やむ」というのは反語である。山陽は何も羨やんではいまい。羨やむくらいならば、自分こそ白髪になるまで廉塾で都講を勤めておればよかったのだから。

こう考えてくると、淡窓が『儒林評《じゅりんひょう》』の中で「才を恃《たの》みて傲慢《ごうまん》なり」と山陽を悪く書いたのも理解できる気がする。おそらくは上記のような思いが山陽の表情や態度の端々《はしばし》におのずと表れていたのではないか。それを淡窓も敏感に見てとったのではないか。実際に淡窓の見た山陽は、九州遊歴の辛苦《しんく》を述べて「往々《おうおう》人を攻めて戈矛《かぼう》の如し」（広瀬淡窓「席上走筆、贈頼子成」）というありさまで、その苛立《いらだ》ちを隠そうとはしなかったようであるから、自然と淡窓の目も厳しくならざるを得なかったであろう。

以上、邪推《じゃすい》と批判されることを承知で、この詩にただよう両者対座《たいざ》の雰囲気を書いてみた。詩は贈答されることに明らかなように、社交のための道具でもある。それゆえそこには社交辞令や阿諛《あゆ》・追従《ついしょう》など両者の関係をうまくゆかせるための潤滑油《じゅんかつゆ》がさされて当然である。この詩にも山陽なりの潤滑油がふんだんにさされているが、それにも関わらず、どことなく冷たい感じがするのは、そのためではないかという気がす

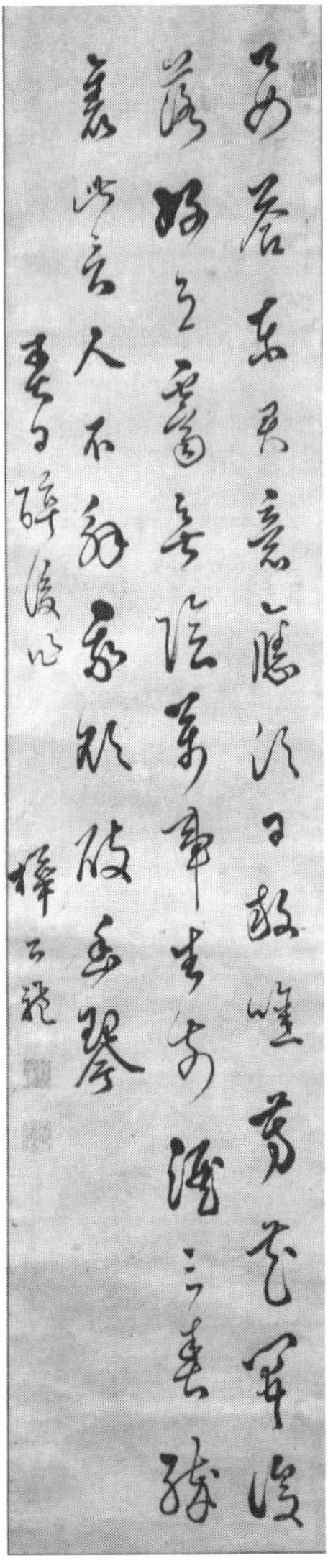

【図版30】樺島石梁書「春日酔後作」詩　款記には「樺公禮」とある。

る。

さてこの後、山陽は久留米に樺島石梁《かばしませきりょう》（図版30参照）を訪ねた。石梁は辛嶋塩井《からしまえんせい》と同年の六五歳であり、春水の世代に属する儒者であった。その石梁にまつわる面白い話として、菅茶山『筆のすさび』に次のような記述が見える。

［久太郎話《ひさたろうのはなし》］九州にて蟾蜍《せんじょ》をワクドウという。久留米の樺島勇七《ゆうしち》毎日酒をのむに、蟾蜍のいで来《きた》るときを期とす、故に人皆樺島がワクドウ酒《ざけ》というと云う。

茶山は、清朝《しんちょう》の聊斎蒲松齢《りょうさいほしょうれい》先生よろしく、客人の話す各地の奇譚《きたん》を茶菓で持てなしつつ聞くのを何よりの楽しみとしていたが、この話は久太郎、すなわち山陽に取材したものであった。筑前・筑後辺りでは、蟾蜍《がまがえる》のことをワクドウ、あるいはワクドと呼ぶ。山陽は、ガマ仙人のようにワクドウと一緒に酒を飲もうという老儒者のもとに、どのような顔をして出かけて行ったのであろうか。

木崎氏は、全伝の中で山陽が「その時、『ワクドウ酒』の振舞《ふるまい》に預かったのであろうか」と記している。全くもって同感で、山陽はワクドウの出づるのを今や遅しと待ち構えていたのではあるまいか。

ちなみに山陽は、久留米で今村小右衛門なる人物宅に宿泊したという。この人物は本書でも何度か引用した書籍『頼山陽』『頼山陽大観』の著者坂本箕山《さかもときざん》の曾祖父であり、同家には山陽揮毫の「偶泉堂《ぐうせんどう》」「木偶老舗《ぼくぐうろうほ》」という扁額や詩稿が伝来していたという。箕山が山陽癖《さんようへき》から上記の大冊を執筆するまでに至ったのは、やはり徳富蘇峰や森田思軒と同じく山陽揮毫の扁額がきっかけだったのである。

6　耶馬の渓山は天下に無し――耶馬渓〜中津、そして下関に戻る

山陽は久留米から、いったん日田に戻り、今度は中津《なかつ》へと向かうことにした。日田から山国川沿《やまくにがわ》いの渓谷を通り豊前国中津《なかつ》（大分県中津市）へと出たのである。この渓谷はかつて山国谷《やまくにたに》と呼ばれていたが、山陽がその景観の秀逸《しゅういつ》であることを詩文に記したため一躍《いちやく》世に知られるようになった。山陽は「やまくにたに」を「耶馬渓」と雅称《がしょう》で呼び、集塊岩《しゅうかいがん》が風雨によって浸食《しんしょく》されてできた奇抜《きばつ》な風景を詩文にしたためたのである。

入豊前過耶馬渓、遂訪雲華師、共再遊焉。遇雨有記。又得八絶句　其之一

（豊前《ぶぜん》に入《い》りて耶馬渓《やばけい》を過《す》ぎ、遂《つい》に雲華師《うんげし》を訪《と》いて、共《とも》に再《ふたた》び遊《あそ》ぶ。雨《あめ》に遇《あ》いて記《き》有《あ》り。又《ま》た八絶句《はちぜつく》を得《え》たり　其の一）

峯容面面趁看殊　　峯容面面《ほうようめんめん》　看《かん》を趁《お》いて殊《こと》なれり

耶馬渓山天下無　　耶馬《やば》の渓山《けいざん》は天下《てんか》に無《な》し

安得彩毫如董巨
生縑一丈作横図

安《いず》んぞ彩毫《さいごう》董巨《とうきょ》の如《ごと》きを得《え》て
生縑一丈《せいけんいちじょう》に横図《おうず》を作《な》さん

【現代語訳】 各方面から見た山の峰の姿は、見るにつれてことなる。耶馬渓《やばけい》のような渓谷は天下にほかにはあるまい。どうして宋の董源《とうげん》・巨然《きょねん》のような、いにしえの名人に絵筆をふるわせ、一丈の絹本に山水長巻《さんすいちょうかん》を描かせないでいられようか。

【注釈】 ○**雲華師**…豊前中津の正行寺《しょうぎょうじ》の住職であった雲華《うんげ》上人（一七七三〜一八五〇）。名は大含《だいがん》、俗姓は末広《すえひろ》氏。東本願寺の講師を勤めたので京坂地方の文人との交際が多く、山陽をはじめとして篠崎小竹《しのざきしょうちく》や青木木米《あおきもくべい》、細川林谷《ほそかわりんこく》等とも交わりを結んだ。同郷の人で、南画をよくした田能村竹田《たのむらちくでん》とも親しく、雲華自身もまた書画に巧みであった。特に墨蘭画《ぼくらんが》に秀作を多くのこしている（図版31参照）。このとき山陽が雲華と会ったのは、『全書』全伝に拠れば一二月六日のこと。その後、雲華の案内で九日から一二日にかけて耶馬渓を探勝《たんしょう》した。　○**峯容面面**…各方面から見た山の峰の姿。　○**趁看殊**…見るにしたがって異なる。「趁」は、〝したがって〟と訓読してもよい。その機会に乗じて、その機会につれての意を表す。　○**彩毫**…絵筆。「彩筆《仄》」とも同じであるが、平仄の関係上、「彩毫《平》」とする。　○**董巨**…五代南唐の画家董源《とうげん》と北宋初めの画僧巨然《きょねん》をいう。董源の水墨山水画の影響下に巨然の画風は形成されたため、両者は〝董巨〟と並称された。この董巨の画風は、北宋初期の江南《こうなん》画壇《がだん》に多大な影響を及ぼし、南宗画《なんしゅうが》

派の誕生をうながすこととなった。
○**生縑**…処理をしない絹本。生絹《きぎぬ》。
にじみの多い水墨画を描くために用いる絹本をいう。　○**一丈**…一〇尺。　○**横図**…
画巻。横に長い巻物状のもので、そこに山水画が描かれた場合、「山水長巻《さんすいちょうかん》」ともいう。

【図版31】　雲華画・菅茶山賛「墨蘭図」　茶山の賛には、「独抱幽人操、閑依衆草叢、誰憐伍非類、一様偃秋風」とある。

【詩式】　七言絶句。上平声第七「虞」韻で、殊・無・図が韻を踏む。

詩には、いにしえの名人に山水長巻を描かせたいとあるが、山陽は後にみずから耶馬渓を水墨で描き、その「耶馬渓山水図巻《やばけいさんすいずかん》」（図版32参照）

【図版32】　頼山陽画「耶馬溪山水長巻」　文政12年（1829）に尾道の橋本竹下に贈った山水長巻。『没後百五十年 頼山陽展』（頼山陽旧跡保存会・日本経済新聞社、1982年刊）より。

は「山陽が鼻 高きこと天狗《てんぐ》の如し」（「文政三年三月二九日附 橋本竹下宛書簡」）と鼻高々に自慢するほどの評判となった。そのため耶馬渓の南画趣味的な景観は文人墨客のひろく知るところとなり、同地を訪れる人々は飛躍的に増加したのである。このように山陽の美意識によって見出された耶馬渓は、文人の愛すべき景観の一つの典型となった。

そして、後代の文人は巡礼者《じゅんれいしゃ》のように山陽に追随して耶馬渓を経《へ》めぐることとなった。特に明治以降、耶馬渓を擁する豊前・豊後、そして筑前の南画界に耶馬渓山水画の伝統を醸成《じょうせい》させることにもなった。

筑前国太宰府《だざいふ》（福岡県太宰府市）の吉嗣拝山《よしつぐはいざん》（一八四六～一九一五）という文人は、その追随者《ついずいしゃ》の一人である。拝山は「願わくば三間《さんげん》の屋《おく》を結び、君（＝耶馬溪）と生涯を了《お》えんと」と詠ずるほどに耶馬渓への思慕《しぼ》をつのらせ、明治一九年には山陽の耶馬渓探勝と

【図版33】 吉嗣拝山筆「耶馬溪山水図」 拝山の詩には、「大峰如送小峰迎、突兀回環勢若争、耶馬渓頭天欲暮、短笻先後逐雲行」（明治19年作）とある。明治21年（1888）9月作の画帖『耶馬渓詩画冊』より。

同じ時期である一二月に、同じく日田から耶馬渓へと入ったのである。この折に詠まれた詩は「耶馬渓遊草《やばけいゆうそう》」にまとめられ、拝山は生涯を通じて自筆の山水画にこの「耶馬渓遊草」からの詩を題している。その意味において、彼の描く山水画（図版33参照）に耶馬渓でないものはなかったともいえる。

なお、山陽の見出した耶馬渓の景観美《けいかんび》と、その後世における継承については、拙稿「耶馬渓景観攷—文人の見た山水長巻的景観」（『上智大学国文学科紀要』第24号所収、二〇〇七年刊）に述べたことがあるので、そちらを参照して頂きたい。

さてこの後、山陽は中津から船で下関に到った。同地では九州遊歴に出立《しゅったつ》する前にも滞在した広江家《ひろえけ》に草鞋《わらじ》を脱いで、ここで文政元年という旅に暮らした実り多き年のゆくのを送った。山陽の、春水追悼の旅はここに終わりを告げたのである。

７　母　児を呼び前む　児曰く唯と――母への孝養

四〇歳　文政二年（一八一九）

文政二年（一八一九）二月、山陽は九州遊歴の旅から広島に帰った。そこで長旅の疲れを癒《い》やし、同月末に母梅颸を伴い京都に帰ることとした。山陽としては父親の服《ふく》喪《も》期間が終わり、九州遊歴の旅も済ませて一区切りついたという思いが強かったのであろう。ここで母に上京をしてもらい、自分の暮らしぶりを見せ、安心させると同時に孝養を尽くそうと考えたものと思われる。とくに妻梨影を母と会わせていないことは、父とはその死によって永遠に面会の機会が失われてしまったこともあって、何としてでも果たしたい願いであったろう。

これ時期以降の山陽の詩には、年老いた母をいたわる気持ちを素直に表した詩が多くなる。そこには、これまで苦労をかけた母への率直な愛情が詠われており、心を打つものがある。

余到藝留数旬、将帰京寓、遂奉母偕行。作侍輿歌

（余《よ》 藝《げい》に到《いた》り留《とど》まること数旬《すうしゅん》、将《まさ》に京寓《けいぐう》に帰《かえ》らんとし、遂《つい》に母《はは》を奉《ほう》じて偕《とも》に行《ゆ》く。侍輿《じよ》の歌《うた》を作《つく》る）

輿行吾亦行
輿止吾亦止
輿中道上語不輟
歴指某山与某水
有時俯理襪結解
母呼児前児曰唯
山陽一路十往還
省郷毎計瞬息裡
二毛侍輿敢言労
山駅水程皆郷里
於児熟路母生路
双眸常嚮母所視

輿《よ》行《ゆ》けば吾《われ》も亦《ま》た行《ゆ》き
輿《よ》止《とま》れば吾《われ》も亦《ま》た止《とま》る
輿中道上《よちゅうどうじょう》 語《かた》りて輟《や》めず
歴指《れきし》す 某山《ぼうざん》と某水《ぼうすい》と
時《とき》に俯《ふ》して襪結《べつけつ》の解《と》くるを理《おさ》むる有《あ》らば
母《はは》 児《こ》を呼《よ》び前《すす》む 児《こ》曰《いわ》く唯《い》と
山陽一路《さんよういちろ》 十往還《じゅうおうかん》
郷《きょう》を省《せい》して毎《つね》に計《はか》る 瞬息《しゅんそく》の裡《うち》
二毛《にもう》にして輿《よ》に侍《じ》す 敢《あえ》て労《ろう》を言《い》わんや
山駅水程《さんえきすいてい》 皆《み》な郷里《きょうり》なり
児《こ》に於《おい》ては熟路《じゅくろ》 母《はは》には生路《せいろ》
双眸《そうぼう》 常《つね》に嚮《むか》う 母《はは》の視《み》る所《ところ》

【現代語訳】　駕籠《かご》がすすめば私もすすみ、駕籠がとまれば私もとまる。道ゆく駕籠のうちでの話はつきず、私はひとつひとつ、あの山が何山、あの川が何川と指《ゆび》さして母に教える。時にかがんで、ほどけた足袋《たび》の紐を結んで遅れるようなことがあると、母は先に行きつつ「息子や大丈夫かい」と声をかけ、息子は「はい」と答える。この山陽道をこれまで一〇回は往復したが、いつでも郷里に帰省したらすぐに戻るつもりでいた。白髪《しらが》交じりになって母の駕籠に付き添うことになったが何で大変だなどと言おうか。山路も水路もすべて郷里のうちなのだから。子供にとっては慣れた道であっても母にとっては見知らぬ道であるので、二つのまなこはいつでも母が見るところに向けて注意をおこたらなかったのである。

【注釈】　○**侍輿歌**…母の乗る駕籠に付き添う歌。「歌」は、古詩の一種。母が駕籠に乗り、そのすぐ側に付き添って山陽道を上った道中の感慨を詠じた詩。　○**歴指**…ひとつひとつ指さしてゆく。　○**襪結**…足袋の紐。韈繋《べっけい》。　○**十往還**…一八歳で江戸に出て以来、山陽道を一〇往復した。　○**瞬息**…あっという間。瞬間。まばたきや呼吸をするほどの短い時間の意。ここでは郷里での滞在が、これまでわずかな時日であったことをいう。　○**二毛**…白髪と黒い髪。つまり白髪交じりであること。　○**敢**…ここでは「あえてせんや」の意と同じで、反語となる。　○**山駅水程**…山路と水路。「山駅」は山中の宿駅、

「水程」は水路の里程。唐・姚合《ようごう》の詩「送劉禹錫郎中赴蘇州」に、「初めて咸谷《かんこく》を経て山駅《さんえき》に眠り、漸《ようや》く梁園《りょうえん》に入りて水程《すいてい》を問う」とある。○**熟路**…慣れた道。これまで一〇度も往復をして通り慣れた道筋であること。○**生路**…見知らぬ道。母にとっては大坂から広島に居を移して以来、久しぶりの道中であることをいう。いささか白話《はくわ》的な表現。○**双眸常嚮母所視**…「双眸」は、二つの眼。「嚮」は、向ける。母の視線のゆく所に、いつでも注意深く自分の眼を向けて、母の知らない所や物を教えようという気持ちでいること。

【詩式】　七言古詩。上声第四「紙」韻で、止・水・唯・裡・里・視が韻を踏む。

このように母と子は仲睦《なかむつ》まじく旅を続けたのであろう。山陽に悩まされて来た梅颸にとっては、感慨ひとしおであったことであろう。こうして三月中旬に山陽は、懐かしい京都の我が家に帰り着いた。その折の詩を見ておこう。

到家　（家《いえ》に到《いた》る）

窮巷蹂深泥　窮巷《きゅうこう》に深泥《しんでい》を蹂《ふ》めば
曉雨方絲絲　曉雨《ぎょうう》　方《まさ》に絲絲《しし》たり

近家情卻怕
旧寓認還疑
山妻記足音
喜極反成悲
両歳始帰到
塵埃面目黧
燂湯洗吾脚
薪湿火伝遅
薪湿且不妨
唯喜会有期

家《いえ》に近《ちか》づきて情《じょう》 卻《かえつ》て怕《おそ》れ
旧寓《きゅうぐう》 認《みと》めて還《ま》た疑《うたが》う
山妻《さんさい》 足音《あしおと》を記《き》し
喜《よろこ》び極《きわま》りて反《かえつ》て悲《かな》しみを成《な》す
両歳《りょうさい》にして始《はじ》めて帰《かえ》り到《いた》り
塵埃《じんあい》に面目黧《めんぼくくろ》し
湯《ゆ》を燂《あたた》めて吾《わ》が脚《あし》を洗《あら》うに
薪《たきぎ》 湿《しめ》りて火《ひ》の伝《つた》わること遅《おそ》し
薪《たきぎ》の湿《しめ》るは且《しばら》く妨《さまた》げず
唯《た》だ喜《よろこ》ぶ 会《かい》すること期《き》有《あ》りしを

【現代語訳】　裏町の深い泥道を踏んで歩いてゆくと、早朝の雨は折しも糸のように細く、しとしと降っていた。家に近づくとうれしいはずなのに逆に恐いような気持ちがし、もとのままの住居を見ながらも、もう一度あの家であったかなとあやしむ。

妻は私の足音をおぼていて急ぎ出て来て、ここに喜びがきわまって、かえって泣きはじめた。二年にしてやっと家に帰り着き、旅のアカで顔は真っ黒だ。妻が湯を沸《わ》かして私の足を洗ってくれようとするが、薪が湿っていてなかなか火が起こらない。けれども薪が湿っていることは、しばし何のさまたげにもなるまい、ひたすら再会を喜ぶ時間があるのだから。

【注釈】 ○**到家**…山陽が京都の家に帰り着いたのは、三月一一日のことであった。母梅颸は大坂に残し、山陽は独り先発して京都に帰って来たのである。○**窮巷**…場末の裏町。自宅がむさ苦しい地にあることをいう謙辞。○**絲絲**…雨がこまかく降るさま。

○**山妻**…わが妻の謙称。田舎育ちの妻の意。○**塵埃**…旅のアカ。○**面目黧**…顔が黒い。面目黎黒《めんぼくれいこく》ともいう。○**燂湯**…湯をわかす。『礼記《らいき》』内則《だいそく》に、「五日に則ち湯を燂《わか》して浴《よく》を請《こ》う」とある。○**有期**…適当な時間がある。

【詩式】 五言古詩。上平声第四「支」韻で、絲・疑・悲・黧・遅・期が韻を踏む。

この詩には、懐かしい我が家でありながら、それを久しぶりに眼にした時の心のざわめきがよく表されており、ことに秀逸《しゅういつ》である。自分がいない間に何かとんでもない事が起こっているのではないかというような感情、また変わり果てたものがあれば、それを見たくないという感情、久しぶりに顔を合わせる気恥《きは》ずかしさ、いかに迎えられるのかという不安感、そうした雑多な感情が表現されており、山陽の繊細《せんさい》な心の襞《ひだ》を見るかのようである。

迎母　（母《はは》を迎《むか》う）

移寓就爽塏　　寓《ぐう》を移《うつ》して爽塏《そうがい》に就《つ》き
将欲迎阿嬢　　将《まさ》に阿嬢《あじょう》を迎《むか》えんと欲《ほっ》す
窓櫺糊新紙　　窓櫺《そうれい》に新紙《しんし》を糊《こ》し
枕衾検旧筐　　枕衾《ちんきん》を旧筐《きゅうきょう》に検《けん》す
十歳甘桂玉　　十歳《じっさい》　桂玉《けいぎょく》に甘《あま》んじて
不敢累故郷　　敢《あ》えて故郷《こきょう》を累《わずら》わさず
新婦多欠闕　　新婦《しんぷ》に欠闕《けつけつ》多《おお》く

百需大蒼黄
戒婦具酒食
勿問有与亡
母曰嗟吾子
差使人意強

百需《ひやくじゅ》 大《おお》いに蒼黄《そうこう》たり
婦《よめ》を戒《いまし》めて酒食《しゅしょく》を具《そな》え
有《あ》ると亡《な》きとを問《と》う勿《なか》らしむ
母曰《ははいわ》く 嗟《ああ》 吾《わ》が子《こ》
差人《ややひと》をして意《い》を強《つよ》からしむ

【現代語訳】 仮住まいを高台《たかだい》のこざっぱりした所にうつし、ここに母を迎えたいと思った。障子《しょうじ》の桟《さん》には新しい紙を張り、もとからある行李《こうり》の中の枕や蒲団《ふとん》はよくあらためた。この一〇年間、京都の物価の高いことをよい口実として、すすんで故郷のことにかかわろうとはしなかった。結婚したばかりの妻には欠点も多く、いろいろ品物を求めておおわらわであった。妻には酒や肴《さかな》を用意するのに、あるとかないとか言わず何でも準備するよういましめた。母は言った、「ああ息子や、少しは私に頼もしいなと思わせるようになりましたね」と。

【注釈】 ○迎母…三月一九日、大坂から上京した母を木屋町二条下ルの貸座敷に迎えた。 ○爽塏《しょうこう》…高台のこざっぱりした場所。『春秋左氏伝《しゅんじゅうさしでん》』昭公三年に、「子の宅 市に近くして、湫隘囂塵《しょうあいごうじん》なり。以て居るべからず。請《こ》う 諸《これ》を爽塏《そうがい》なる者に更《あらた》めん」とある。
○阿嬢…お母さん。61頁の［注釈］参照のこと。
○窓櫺…窓の格子をいうが、ここでは障子の桟の意。
○旧筐…もとからある行李。「筐」は、竹で編んだ行李。 ○桂玉…物価の高いこと。77頁の［注釈］参照。 ○新婦…妻をいう。とくに子供の嫁をいう。
○欠闕…欠点。 ○百需…必要なあらゆるもの。
○蒼黄…あわてるさま。蒼惶《そうこう》。 ○使人意強…人に心強いと思わせる。「意強」の二字、いささか和習に傾く。

【詩式】 五言古詩。下平声第七「陽」韻で、嬢・筐・郷・黄・亡・強が韻を踏む。

木崎好尚『全書』全伝に拠れば、山陽は木屋町二条下ル柴屋長次郎方の川座敷《かわざしき》を借りて母の宿としたとある。山陽は、母を少しでもこざっぱりとした眺望のよい所へ迎えたいと考えたのであろう。梅颸はこれ以降、閏《うるう》四月中旬までの二ヶ月間を京都で過ごし、山陽の案内で京坂各地の景勝地に足を伸ばした。吉野山《よしのやま》で花見をしたり、梅颸の故郷大坂で芝居見物に出かけたりという物見遊山《ものみゆさん》のほかに、梅颸は和歌の指導を香《か》川景樹《がわかげき》に受けたりもしており、山陽の計《はか》らいのおかげで充実した日々を過ごしたのであった。くわえて山陽は、母の帰路には広島まで同伴するほどの念の入れようであった。この母への孝養の尽くし方は、いささか度が過ぎるかのようにも思われるが、山陽としては（孝行が度を超《こ》して何が悪い）という気持ちがあったのであろう。しかしながら、この母への強い想いが裏目に出て、後々物議《ぶつぎ》をかもす出来事があった。それは同月二一日に母を伴い島原《しまばら》の遊郭《ゆうかく》三文字屋にあそんだことである。「遊郭を一度は見てみたいもの」という母の願いがあってのことかもしれないが、これが後年山陽の門人の間で問題となった。

たびたび引用する江木鰐水「山陽先生行状」が、このことを「一日 侍して嶋原に遊《あそ》び、一大酒楼に登る」と記したことに問題は起因する。鰐水は、山陽が親孝行を尽くしたことを顕彰《けんしょう》し、なおかつ親子の微笑《ほほえ》ましいエピソードの一つとして紹介したつもりであったのであろう。それゆえ、太夫《たゆう》を呼んでの豪勢な酒宴に、お付きの下女が肝を冷やし、山陽の袖を引いて「旦那さん、財布の中のお金は足りるでしょうか」といったという滑稽な結末で、このエピソードをむすんでいる。しかし、同じく山陽の門人であった森田節斎《もりたせっさい》は、これを行状に書いた鰐水を批判した。節斎の批判は、島原のような遊郭は親を接待するにふさわしい場所ではなく、山陽先生は親を喜ばそうという強い想いから誤った事をされたのであり、それを先師《せんし》の行状に書き残すとは、誤りに誤りを重ねるものである、というものである。

確かに母親を遊郭に伴うということは、親を喜ばせたいという純粋な気持ちがありはしても、やはりいささか度を超したことであったかもしれない。しかし、かつて放蕩息子《ほうとうむすこ》の譏《そし》りを受けた吾が子も、はや白髪交じりとなり、そんな老境にさしかかった息子とともに遊郭にあそぶ日を迎えた梅颸の心境を思いやると、感慨深いものがある。

8　乃翁に類する莫かれ　乃祖を師とせよ――長男誕生

四一歳　文政三年（一八二〇）

文政三年辰年《たつどし》一〇月七日の辰刻《たつのとき》に、梨影が男子を産んだ。辰蔵《たつぞう》と命名された。山陽はその喜びを詩六首に賦した。そのうちの二首を見ておこう。

余娶婦、未幾丁艱。至此獲一男児、志喜　六首之一

（余《よ》婦《つま》を娶《めと》り、未《いま》だ幾《いく》ばくならずして艱《かん》に丁《あた》る。此《ここ》に至《いた》りて一男児《いちだんじ》を獲《え》て、喜《よろこ》びを志《しる》す　六首の一）

没田没宅一寒儒
生子猶慶得丈夫
数幅雲烟双古研
阿爺伝汝護持無

田没《たな》く宅没《いえな》き一寒儒《いちかんじゅ》
子《こ》を生《う》みて猶《な》お丈夫《じょうぶ》を得《え》たるを慶《けい》す
数幅《すうふく》の雲烟《うんえん》と双《ふた》つの古研《こけん》
阿爺《あや》　汝《なんじ》に伝《つた》う　護持《ごじ》するや無《いな》や

【現代語訳】　田んぼも家も持たない貧乏な儒者。それでも子供が生まれて男の子であったのはめでたいものだ。家には数幅の書画と古い硯《すずり》を二つ所蔵する。お父さんはお前に授けようと思うが、大事にしてくれるだろうか。

【注釈】　○**余娶婦〜志喜**…六首連作のうち、第一首目と四首目を取り上げた。　○**未幾丁艱**…どれほどもせぬうちに苦しみにでくわした。この苦しみに関しては『全書』詩集において木崎氏が、「コノ語、従来正解ヲ得ザルヲ恨メリ。今山陽ノ全伝ヲ編シテ、始メテコレヲ領会《りょうかい》スルニ及ベリ、即チ文化十一年九月、広島帰省ノ日、梨影妊娠ノ事ヲ打チ明ケシ事実アリ。而モソノ児ハ生育スルニ至ラザリシコト、『全

伝』上、三五七・三五八頁ニ記セルガ如シ」と記す。つまり、これ以前にも梨影は妊娠したが、不幸にも流産したということである。 ○**一男児**…辰蔵。文政三年一〇月七日生まれ。 ○**寒儒**…貧乏な儒者。北宋・欧陽脩《おうようしゅう》の詩「読書」に、「吾生 本《もと》寒儒、老いて尚お書巻を把《と》る」とある。 ○**雲烟**…雲やかすみを描いた山水画。山陽は古書画を愛好し、中でも「書は則ち倪元璐《げいげんろ》・屠長卿《とちょうけい》、画は則ち盛茂曄《せいもよう》・趙之璧《ちょうしへき》」（江木鰐水「山陽先生行状」）等の名品を珍蔵した。
○**双古研**…二面の古い硯。「研譜の後に題す」という文章にも「吾 両硯《りょうけん》あり」と書いており、いずれも山陽自慢の古硯であった。そのうちの一硯は、山陽が二〇年来愛玩したもので、墨池《ぼくち》に龍の文様があったため「龍池硯《りょうちけん》」と呼ばれた（図版34参照）。

【図版34】　龍池硯
海龍硯とも呼ばれ、紫石で緑眼のある端渓硯。安藤英男『頼山陽―人と思想』（白川書院、1975年刊）より。

【詩式】　七言絶句。上平声第七「虞」韻で、儒・夫・無が韻を踏む。なお、承句の四字目は平声であるべきところが、仄声（「慶」は仄声。ただし、発語の辞として用いる場合は平声）となっており破格である。山陽は「慶」字を平声と見なしており、そのため次に掲げる詩においても同様の破格となっている。

同前　六首之四　（同前　六首の四）

病羸晩挙一嬌児
愁絶家尊不及知
莫類乃翁師乃祖
窃慶面骨有遺姿

病羸《びょうるい》 晩《ばん》に挙《あ》ぐ一嬌児《いちきょうじ》
愁絶《しゅうぜつ》す 家尊《かそん》の知《し》るに及《およ》ばざるを
乃翁《だいおう》に類《るい》する莫《な》かれ 乃祖《だいそ》を師《し》とせよ
窃《ひそ》かに慶《けい》す 面骨《めんこつ》に遺姿《いし》有《あ》るを

［現代語訳］ 病弱な身で年をとってようやく得た愛らしい子供。大変悲しいことは、父上がこの子を知らぬまま逝《ゆ》かれたことだ。この父のマネをするな、お祖父《じい》様を手本とせよ。人知れず喜んだのは、お前の風貌が亡き父上に似ていることだよ。

［注釈］ 〇**病羸**…病みつかれる。病弱であること。〇**晩**…年をとって。この時、山陽四一歳であった。〇**嬌児**…愛らしい子供。いとしい吾が子。唐・杜甫《とほ》の詩「羌村」に、「嬌児 膝を離れず、私《われ》を畏《おそ》れて復《ま》た卻《しりぞ》き去る」とある。〇**愁絶**…たいへん悲しい。愁殺《しゅうさつ》に同じ。〇**乃翁**…父親。父が子供の前で用いる自称。このおれ。「乃父」と同意であるが、ここでは平仄の都合上「乃翁」とした。〇**乃祖**…祖父。あるいは祖先をいう場合もある。〇**窃慶**…人知れずよろこぶ。心の中でうれしがる。〇**面骨**…風貌。面差《おもざ》し。〇**遺姿**…亡くなった父親春水の姿。畳韻語。

【詩式】 七言絶句。上平声第四「支」韻で、児・知・姿が韻を踏む。起句の二字目「羸」は「支」韻に属するので、冒韻《ぼういん》の禁忌を犯す。また、前掲詩で触れた通り、結句の第二字目「慶」は、二《に》四《し》不《ふ》同《どう》に反する破格となっている。

息子の辰蔵は、実際に春水に似ていたようである。母へ送った手紙の中に、「面貌《めんぼう》惣体《そうたい》、先大人《せんたいじん》に酷肖居申候《はなはだにおりもうしそうろう》」（頼山陽「文政三年一〇月一六日附 梅颸・聿庵宛書簡」）と書いている。三年後の文政六年には又蔵《またぞう》（後の支峰《しほう》）が生まれ、家族団欒《だんらん》の時がようやく山陽にも訪れたが、その幸福は数年後に無情にも暗転《あんてん》する。

9　一杯　笑いて吾が曹と傾けん——三本木の料亭での雅会

四二歳　文政四年（一八二一）

山陽の文名はようやく挙がり、多くの文人との交遊が始まったことが、のこされた詩文から見てとれる。そうした一例をここに紹介しておこう。

【図版35】 田能村竹田筆「沙河景物図」 天保４年（1833）、竹田57歳の作。木崎好尚『大風流田能村竹田』（民友社、昭和４年刊）より。

文政四年一一月、周防国《すおうのくに》三《み》田《た》尻《じり》の医者南部龍門《なんぶりゅうもん》が、江戸よりの帰途、山陽の宅を訪れた。龍門（一七七〇〜一八二三）は名を彝、字を伯民といい、小石大愚《こいしたいぐ》（山陽の知友元瑞《げんずい》の父）や皆川淇園《みながわきえん》に学んだ人。この年の二年後に五四歳で亡くなっており、山陽より一〇歳の年長であったことがわかる。龍門は春水とも親しく、そうした縁から山陽のもとを訪ねたのであろう。

山陽は龍門の訪問を受けて、元瑞と諮《はか》って歓迎会を催すこととした。その経緯は、山陽が書いた「南部伯民の餞宴書画巻の後に書す」に詳しいので、それによりつつ当日の様子を見てみよう。

この日一一月一四日、元瑞と山陽は瓢箪《ひょうたん》片手に龍門を連れ出して、先ずは小田百谷《おだひゃくこく》（別号は海仙《かいせん》）のもとを訪ねて一緒に伴うことにし、次いで浦上春琴《うらかみしゅんきん》を誘ったが、春琴は病気のため仲間に加わることはできなかった。山陽は砂川《すながわ》（現在の出町柳附近。図版

35参照）の料亭で美味なる魚をツマミに酒を飲むことを主張したが、元瑞は三本木《さんぼんぎ》（現在の丸太町附近）の酒楼で美しい景色をツマミに酒を飲むことを主張、龍門は「何処にでも魚はあるが、素晴らしい景色は得がたい」と判断を下し、三本木の酒楼清輝楼《せいきろう》で宴会を行うことに決した。楼上から、東山に沈む夕陽を背景に寺院が連なる景色を堪能《たんのう》しつつ酒を飲み始めたが、ツマミがそれほど美味しくないことが山陽は不満。そこで初めに向かうつもりであった砂川の店から鯉の刺身を取り寄せることにし、下僕を急ぎ走らせることにした。今や遅しと酒楼の上で鯉を待って酒をあおっていると、下僕が橋を渡って帰ってくるのが見えた。と、その時、どうしたことか下僕は橋の下へ落ちてしまった。鯉の刺身はだめになってしまった、と諦《あきら》めつつ再び見ると、下僕は鯉を入れたカゴを橋に残して下に落ちたのだった。大喜びの山陽は鯉の刺身をツマミに、大杯で酒を飲んだ。夜に入り、皆で詩画を作ったが、途中で山陽は酔っ払って寝てしまった。元瑞に引き起こされ、詩画を作成するよう促《うなが》されたが、筆を放り投げてまた眠ってしまった。皆に再び起こされて店を出ると、月の光が街中を照らしていた。その中を山陽が平曲《へいきょく》を歌い始めると、皆がそれに和して歌った。酒楼から一番家が近い山陽が、門を敲《たた》いて内に入ってもまだ外では平曲を歌う声が聞こえていた。

詳しく当日の宴席の様子を紹介したが、これは当時の文人の交遊のあり方を示したいがためである。そして、楽しかった宴席の様子を漢文で書き記し、それを後世までの記念に残しておこうという、高度に洗練《せんれん》された知的な営みが確かにあったことをも特筆しておきたいからであった。上記の文章は、木崎好尚『全書』文集によれば、山陽や百谷の画、元瑞・龍門・春琴の詩、後にこれを読んだ菅茶山の詩文等と併せて画帖《がじょう》に表装された後、昭和の初めの実業界において希代《きたい》の美術コレクターとして知ら

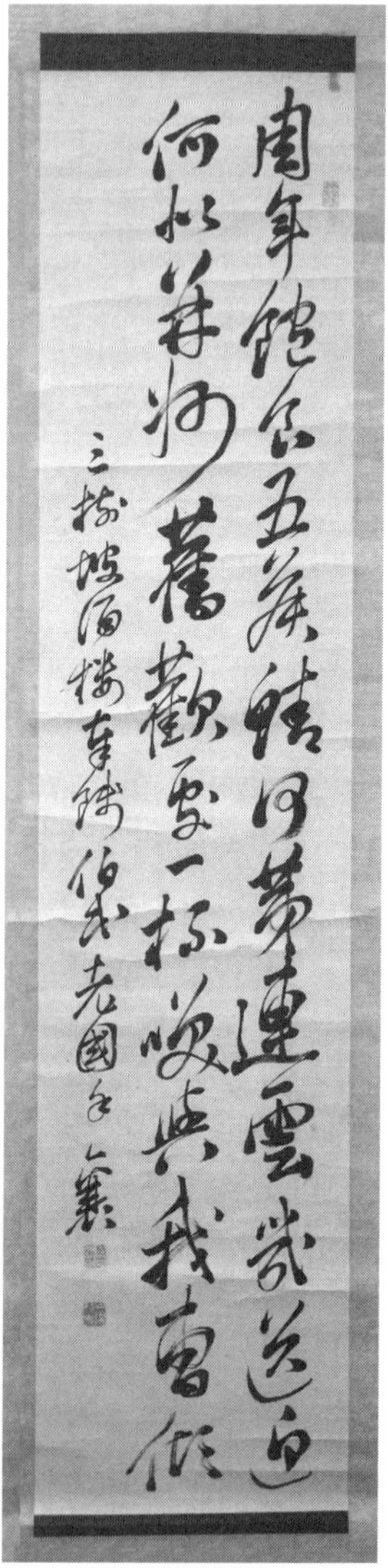

【図版36】 頼山陽書「三樹坡酒楼奉餞伯民老国手」詩
『全書』詩集には、「三樹坡酒楼、餞伯民老国手帰三田尻」として収録する。

れた、双軒庵《そうけんあん》松本枩蔵《まつもとまつぞう》のコレクションに収められたという。

ちなみに、山陽先生が平曲を好みはしても、あまりお上手ではなかったことについて、市島春城『随筆頼山陽』第三章・六「平曲」に言及がある。それによれば、母梅颸ですら「又襄《またのぼる》が平家《へいけ》を語《かた》つて人を困らす」と困惑顔《こんわくがお》であったらしい。

閑話休題、この日に山陽はさらに一首の詩を作り、龍門に贈っている。以下の作（図版36参照）である。

三樹坡酒楼、奉餞伯民老国手　（三樹坡《さんじゅは》の酒楼《しゅろう》にて、伯民老国手《はくみんろうこくしゅ》に餞《はなむけ》し奉《たてまつ》る）

周年飽食五侯鯖　周年飽食《しゅうねんほうしょく》す　五侯鯖《ごこうせい》

甲第連雲幾送迎　甲第《こうだい》　雲《くも》に連《つら》なり　幾《いく》たりをか送迎《そうげい》す

何似弁州旧歓処　何《なん》ぞ似《に》ん　弁州旧歓《へいしゅうきゅうかん》の処《ところ》に

一杯咲与我曹傾　一杯《いっぱい》　咲《わら》いて我《わ》が曹《ともがら》と傾《かたむ》けん

【現代語訳】　ここでは一年中、美味しい料理を腹一杯食べることができる。立派な建物は雲にとどくかにそびえ、何人もの客が出入りをする。この賑《にぎ》やかさは、かつて私達が楽しみをつくした場所とは段違い。まあ笑い楽しんで、わが仲間達と一杯の酒を傾けようではないか。

【注釈】　○**三樹**…京都の三本木の雅称。○**坡**…鴨川《かもがわ》の川土手をいう。○**餞**…宴会を行って送別する。○**伯民**…南部龍門の字。○**国手**…医師をいう。元来は、国内に誇るだけの技能を有する名人の意。○**周年**…一年中。○**五侯鯖**…大変美味しい料理。漢の婁護《ろうご》が、五侯から頂戴した魚や肉をまぜて作った煮物が、ひじょうに美味であったという故事に因《ちな》む。「鯖」は、わが国でいう〝サバ〟ではなく、魚と獣の肉とを一緒に煮込んで作った料理のこと。○**甲第**…すばらしい建物。料亭清輝楼の立派さをいう。○**幷州旧歓処**…かつて慣れ親しみ、遊楽にふけった場所。ここでは、龍門と山陽とが以前遊びに行った処の意。広島や山口の歓楽街を指すものと考えられる。唐・賈島《かとう》の詩「渡桑乾」（『唐詩選』所収）に、「幷州に客舎《かくしゃ》して已に十霜《じっそう》」とあることに因む。○**我曹**…わたしの仲間。

【詩式】　七言絶句。下平声第八「庚」韻で、鯖・迎・傾が韻を踏む。転句が挟平格《きょうへいかく》（旧《仄》歓《平》処《仄》）となっている。

詩は当日の楽しみを詠じて、余《あま》すところがない。しかしながら、この場合、詩だけを読んでもその内容はおぼろげで理解し難く、ぜがひでも当日の様子を書き記した文章「南部伯民の餞宴書画巻の後に書す」をあわせ読まねばならないということになる。このように詩と文とは両者の掛け合いによって相乗効果《そうじょうこうか》をもたらすものであり、特に文は和歌でいうところの「詞書《ことばがき》」のような役割を果たすことが多い。ゆえに両者をあわせ読み、一層深い鑑賞をめざすべきであろう。

10　春に別れ又た児に別る——辰蔵との死別

四六歳　文政八年（一八二五）

愛《いと》おしい息子の辰蔵《たつぞう》が、この年の三月二八日に疱瘡《ほうそう》のため死去した。山陽は悲嘆にくれて、次の詩を詠じた。

哭阿辰。此日春尽　（阿辰《あしん》を哭《こく》す。此《こ》の日《ひ》　春尽《はるつ》く）

別春又別児　春《はる》に別《わか》れ又《ま》た児《こ》に別《わか》る

此日両傷悲
春去有来日
児逝無会期
幻華一現蹔娯目
造物戯人何獪哉
明年東郊尋春路
誰復挈瓢趁爺来

此《こ》の日両《ひふたつ》ながら傷《いた》み悲《かな》しむ
春《はる》　去《さ》れども来日《らいじつ》有《あ》り
児《こ》　逝《ゆ》いて会期《かいき》無《な》し
幻華《げんか》　一《ひと》たび現《げん》じて蹔《しばら》く目《め》を娯《たの》しましむ
造物《ぞうぶつ》の人《ひと》に戯《たわむ》るること何《なん》ぞ獪《かい》なるや
明年《みょうねん》　東郊《とうこう》に春《はる》を尋《たず》ぬるの路《みち》
誰《たれ》か復《ま》た瓢《ひさご》を挈《たずさ》え爺《ちち》を趁《お》いて来《きた》らん

【現代語訳】　春に別れをつげ、また子供にも別れをつげた。本日どちらとの別れもなげき悲しんだ。春はゆいてもまた来る日があるが、吾が子はゆいて二度と会う日はない。まぼろしの花のような吾が子お辰《たつ》は、いったんこの世に姿をあらわして私を楽しませてくれた。造物主《ぞうぶつしゅ》は人をもてあそんで、どうしてこんなにわるがしこいのだ。来年、東の郊外に春をさがしてまわる道すがら、瓢箪《ひょうたん》を手に持ってこの父の後についてくる者はもう誰もいない。

【注釈】○**哭阿辰**…長男辰蔵は、三月二八日、享年六歳にして夭逝《ようせい》した。その死を悼《いた》んで作った作。「哭～」は、死者を追悼して作詩する際の、一般的なタイトルの付け方の一つ。○**春尽**…春が終わる日。この年は三月二九日。○**来日**…また来る日。後日。○**会期**…また会う時。○**幻華**…まぼろしの花。漢詩文に用例が見出せないため意味は判然としないが、頼成一・伊藤吉三『頼山陽詩抄』に、「幻の華。辰蔵を譬う」と注するに従う。○**蹔**…「暫」に同じ。しばしの意。○**造物**…天地の間の万物を創り出す存在。造物主。○**獪**…わるがしこい。○**東郊**…東の郊外。『頼山陽詩抄』には、「京都東山の辺」と注する。○**尋春路**…春をさがす道すがら。『頼山陽詩抄』では、「花見の途中」と注する。○**挈瓢**…瓢箪を手にさげる。○**趁爺**…「趁」は、後ろについてゆく。追いかける。「爺」は、父。山陽をいう。

【詩式】古詩長短句。上平声第四「支」韻で児・悲・期が押韻し、上平声第一〇「灰」韻で哉・来が押韻する。

辰蔵は、山陽にとっては正に目の中に入れても痛くないほど、かわいい子であった。母梅颸への書簡において、その子煩悩《こぼんのう》さを次のように包み隠さず書き記している。

辰蔵《たつぞう》、舌《した》マワラヌ癖《くせ》に、物言《ものい》タガリ申候《もうしそうろう》。梨影《りえ》に被遣候《つかわされそうろう》御歌《おうた》、表具仕《ひょうぐつかまつり》、かけ置候《おきそうらい》

て、御《お》ばば様《さま》の御歌《おうた》と申聞候《もうしきかせそうら》えば、一度《いちど》にて覚《おぼ》え、ばば、ばばと申《もうし》ては指《ゆびさ》し、人《ひと》に教《おし》え申候《もうしそうろう》。私《わたし》、楼上《ろうじょう》に寐申候《ねもうしそうらい》、朝寐致居候《あさねいたしおりそうら》えば、下《した》よりトッサンと申《もうし》、呼起《よびおこ》し申候《もうしそうろう》。又《また》、二階《にかい》へ連参候《つれまいりそうら》えば、トッサンネンネと申し候《もうそうらい》て、寝処《しんじょ》の中《なか》へ這入《はいいり》、横《よこ》になり申候《もうしそうろう》。慕母《ははをしたう》は常《つね》に候《そうら》えども、慕父《ちちをしたう》は珍《めずら》しきと、皆人申候《みなひともうしそうろう》。

（頼山陽「文政五年二月二五日附　梅颸宛書簡」。木崎愛吉・光吉元次郎編『頼山陽書翰集』上巻所収）

この時、辰蔵三歳（満年齢では一歳半前）。かわいい盛りの吾が子の様子を母に書き知らせる山陽の筆は、慈愛《じあい》に満ちている。掛け軸に仕立てた梅颸の歌幅《かふく》をゆびさして「婆《ばば》さま」という姿、「父《と》っさん、寝《ね》んね」と声をかけて山陽の蒲団《ふとん》に入って寝る姿など、子の邪気《じゃき》のない様子が飾らぬ筆致で描かれている。三年後の死を思った時、天命の非情さに胸がふさがるような感をおぼえる。

詩の最後の「明年《みょうねん》　東郊《とうこう》に春《はる》を尋《たず》ぬるの路《みち》、誰《たれ》か復《ま》た瓢《ひさご》を挈《たずさ》え爺《ちち》を趁《お》いて来《きた》らん」の二句は、「父《と》っさん」といいながら自分の後について来る者がもはやいない、という絶望的な喪失感《そうしつかん》を詠じており、悲痛な余韻を残す。絶唱《ぜっしょう》というべきであろう。

【図版37】頼春風書「松高白鶴眠」一行
款記に「庚辰夏日」とあり、文政三年（一八二〇）春風六八歳の時の書であることがわかる。『菅茶山記念館第四回特別展 菅茶山と頼家の人々』（菅茶山記念館、一九九六年刊）より。

この年、慶事《けいじ》もあった。五月に辰蔵の生まれ変わりのように男児が生まれた。三樹三郎《みきさぶろう》、後の鴨厓《おうがい》である。しかし、不幸は続いた。竹原老人こと叔父の春風（図版37参照）が七三歳で歿した。九月のことであった。この後、山陽は広島に帰省して叔父の墓参《ぼさん》をしたり、帰路に菅茶山を神辺に訪ねたりして、多忙な日々を送った。そのためか年末にかけて、山陽は病気がちな日々を過ごしたのである。

有疾（疾有《やまいあ》り）

薬鼎猶烟気
書窓乍雨声
不眠知漏永

薬鼎《やくてい》猶《な》お烟気《えんき》
書窓《しょそう》乍《たちま》ち雨声《うせい》
眠《ねむ》られずして漏《ろう》の永《なが》きを知《し》り

廃読愧灯明
母在恐先死
児亡寧再生
著書多鹵莽
誰肯助吾成

読《どく》を廃《はい》して灯《ともしび》の明《あか》るきに愧《は》ず
母《はは》在《あ》り　先《さき》に死《し》なんことを恐《おそ》れ
児《こ》亡《な》くして寧《なん》ぞ再《ふたた》び生《い》きんや
著書《ちょしょ》　鹵《ろ》莽《もう》多《おお》し
誰《たれ》か肯《あえ》て吾《われ》を助《たす》けて成《な》さんや

【現代語訳】　薬を煮る鍋からはまだ湯気がたちのぼっている。書を読む窓の外では急に雨音《あまおと》がしはじめた。眠られず夜の時間のながいことを知り、読書をやめて行灯《あんどん》の光がいたずらに明るいことを恥ずかしく思う。母親は健在で私が先だって死ぬのではないかと気にかける。子供は死んでしまい、もう生き返ることなはい。著述をしては粗雑《そざつ》なところばかりで、誰が私を手伝ってうまくやってくれるというのか。

【注釈】　○**有疾**…山陽は一一月中旬より一ヶ月間ほど寝たり起きたりするような状況であった。三月に長男辰蔵、九月に叔父春風と相次いで身内をなくして、そうした心労から来る、ある種の鬱病《うつびょう》を患《わずら》っていたらしく思われる。○**薬鼎**…薬を煮る鍋。○**漏永**…「漏」は、水時計の意から、時間をいう。「永」

は、その状態がながくひさしく続くことをいう。唐・呉融《ごゆう》の詩「西陵夜居」（『三体詩』『瀛奎律髄』所収）に、「漏永《なが》くして沈沈《ちんちん》として静かなり、灯孤《こ》にして的的《てきてき》として青し」とある。○**先死**…母親より先に死ぬ。○**児亡**…辰蔵が三月に死んでしまったこと。○**鹵莽**…おろそかであること。粗雑。

〔詩式〕　五言律詩。下平声第八「庚」韻で、声・明・生・成が韻を踏む。なお、第二句目の一字目「書」は、第七句目の二字目にも用いられており、これは一字不重用《いちじふちょうよう》の禁忌。また、第五句目は四字目の孤平《こひょう》（恐《仄》先《平》死《仄》）となっている。

年末にはふたたび慶事があった。広島の聿庵に長男秀蔵が生まれた。山陽にとっては初孫である。しかし、世の中の禍福《かふく》はあざなえる縄のごとし、この孫もまた一月も経たぬうちに世を去ったのである。

第四章　晩年時代――『山陽遺稿』の時代

1　独り心情の酪奴に向う有り――煎茶趣味

四七歳　文政九年（一八二六）

山陽の生きた時代に煎茶《せんちゃ》が流行した事は、すでによく知られている。煎茶は、喫茶を契機としながらもそれだけにとどまらず、茶瓶《ちゃへい》（急須《きびしょ》）や茶碗《ちゃわん》等の道具から文房飾《ぶんぼうかざ》りや床飾《とこかざ》り等を含み合わせた総合藝術として、この時期に一つの頂点を迎えようとしていた。これは茶道の世界が、茶を飲むということをめぐって、茶碗等の道具から茶室の設《しつら》え、掛物《かけもの》、生花《いけばな》、作庭《さくてい》と類縁的《るいえんてき》な展開を見せ、茶を媒介《ばいかい》とする総合芸術としての茶道が形成されて行ったことに類する。しかし、最も異なるのは煎茶が明清代《みんしんだい》の文

【図版38】　煎茶席　明治７年（1874）に大阪の古物商山中吉兵衛の追薦を目的に、青湾（大阪府都島区中野町）において開催された煎茶会の第七席を描いた図。『青湾茗醼図誌』（山中箺篂堂、明治８年刊）より。

人趣味に貫かれていることである。山陽や友人達は、中華風の茶席において煎茶を楽しみ、床の間の文人画や明清の文人の書蹟《しょせき》を眺め、文房飾りの名硯《めいけん》や古墨《こぼく》を話題にして尽きせぬ対話に時を費やしたのである（図版38参照）。よって、当時の漢詩文を解する文人で、煎茶を嗜《たしな》まぬ人はいなかったといってよかろう。特に山陽の煎茶サークルには、陶工の青木木米《あおきもくべい》のような文人好みの茶器を作製するのみならず書画にも巧みな者や僧侶でありながら数寄者《すきしゃ》としても知られた雲華上人《うんげしょうにん》、父親玉堂《ぎょくどう》譲りの琴の名手でもあった浦上春琴《うらかみしゅんきん》などの多才な人物が集まったのである。こうした煎茶趣味を包含した文人達の世界は、明治時代に入っても継承されてゆくことになる。

山陽の煎茶趣味を示す詩を、ここで見ておく。

茶　二首之一　（茶《ちゃ》　二首の一）

竹鼎沙缾従喚呼　　竹鼎沙缾《ちくていさへい》　喚呼《かんこ》に従《したが》う

愛看魚眼濺為珠　　愛《あい》し看《み》る　魚眼《ぎょがん》濺《そそ》げば珠《たま》と為《な》るを

卅年嘗尽人間味　　卅年《さんじゅうねん》　嘗《な》め尽《つ》くす　人間《じんかん》の味《あじ》

独有心情向酪奴　　独《ひと》り心情《しんじょう》の酪奴《らくど》に向《む》かう有《あ》り

【現代語訳】　竹製の瓶掛《びんかけ》や陶磁製《とうじせい》の急須《きゅうす》をいいつけて持って来させた。魚の眼のように泡《あわ》だった、沸《わ》き立つ湯を注ぐと、急須の中が玉をちりばめたようになるのを、私は楽しくながめる。三〇年来、この世の様々な味覚をあじわいつくしたが、今や心は煎茶だけに向いている。

【注釈】　○**茶**…連作二首の一。文政九年七月、古くからの友人である雲華上人《うんげしょうにん》（133頁の【注釈】参照）の需《もと》めに応じての作であり、上人はこの二首を得て、篆刻家《てんこくか》細川林谷《ほそかわりんこく》（図版39参照）に依頼して錫製《すずせい》の茶《ちゃ》

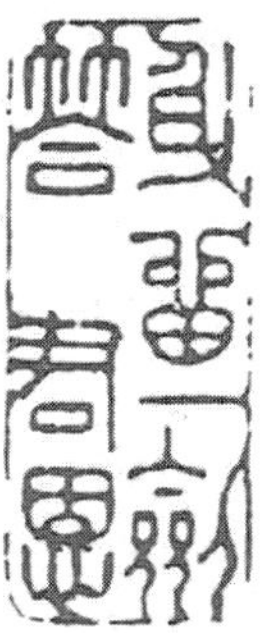

【図版39】 細川林谷篆刻　山陽所用印「身留一剣／答君恩」『頼山陽全書』全伝下巻（頼山陽先生遺蹟顕彰会、昭和七年刊）より。

壺《こ》に彫《ほ》り刻《きざ》ませて珍蔵《ちんぞう》した。ただ、ここに掲出《けいしゅつ》した詩は、すでに文政六年に作った以下の詩を改作したもの。「旋《めぐ》りて沙缾を把《と》り瓦炉《がろ》に上《のぼ》す、愛し看る 魚眼の迸《ほとばし》り珠《たま》と成るを、廿《にじゅう》年 嘗《かつ》て人間の味を尽くすも、唯だ心情の略奴に向かう有り」（「題竹田・松渓煮茶図」）○**竹鼎**…この語は何を指すのか不明。「鼎」は、物を煮炊きする器であるから、ここでは湯を沸かすためのの炉をいうものか。煎茶の炉には涼炉《りょうろ》と瓶掛《びんかけ》の二種類があるが、ここでは竹製であることを考えれば、瓶掛の方であろう。伊藤靄谿『山陽遺稿詩註釈』は、「節ある竹筒の形せる鉄瓶なるべし」と説明する。○**沙缾**…磁器製の急須。文人の間では、中国の宜興《ぎこう》で製作された朱泥《しゅでい》や紫泥《しでい》の茶瓶が珍重された。「缾」は、瓶の異体字。○**喚呼**…よびつけて用事をいいつける。○**魚眼**…湯の沸き立つ泡。『山陽遺稿詩註釈』には、「湯の沸き加減により、泡沫に大小を生ずる。大なるを魚眼といい、小なるを蟹眼という」とある。○**嘗**…味わう。食べる。○**人間味**…この世のいろいろな味わい。様々な味覚のもの。○**略奴**…茶をいう。

【詩式】 七言絶句。上平声第七「虞」韻で、呼・珠・奴が韻を踏む。

山陽は煎茶を楽しむための茶室を、文政五年に建てた。今も京都市上京区に現存する山紫水明処《さんしすいめいしょ》がそれである（図版40参照）。山陽は、この鴨川に面した水亭から、夕暮

【図版40】　山紫水明処　昭和６年（1931）頃の様子。『頼山陽全書』全伝上巻（頼山陽先生遺蹟顕彰会、昭和６年刊）より。

れ時の東山と鴨川とからなる「山紫水明」の景観を楽しみつつ茶を喫したのである。山陽の煎茶仲間の代表格ともいうべき田能村竹田はたびたび上京し、この茶室で清らかな一刻を過ごすことを楽しんだ。詩文や書画を通じての文雅な交わりとともに、煎茶を媒介とした洒脱《しやだつ》な交際が、山陽と竹田の間にはあったのである。

木崎氏の『全書』全伝に拠れば、天保二年三月一八日、帰郷する田能村竹田を送って山陽は大坂に至った。この明くる年に病歿したことを考えれば、何らかの予感のようなものがあったのであろうか、その最後の別れに際して山陽は竹田に愛用の茶器を贈った。山陽歿後にその茶器をいとおしみながら、竹田は次のような詩（木崎好尚輯注「竹田遺稿」中・天保四年条。『大風流田能村竹田』所収）を作っている。

吟友同舟下淀川

吟友《ぎんゆう》　舟《ふね》を同《おな》じくして淀川《よどがわ》を下《くだ》る

洗瓶焙茗手親煎
邇時情景今難忘
寄在霏霏一縷烟

瓶《へい》を洗《あら》い茗《めい》を焙《ほう》じて手《て》ずから親《した》しく煎《せん》ず
邇時《かのとき》の情景《じょうけい》今《いま》忘《わす》れ難《がた》し
寄在《きざい》す霏霏《ひひ》たる一縷《いちる》の烟《けむり》

【現代語訳】　詩友頼山陽と同じ舟で淀川を下った日。その時もらった茶瓶《ちゃへい》を洗い清め、茶葉《ちゃば》を焙じて自分でお茶をいれた。あの淀川での別れの情景は今でも忘れられない。山陽を懐かしむ気持ちを、たなびき立ち上る煙に寄せるばかりだ。

【注釈】　○**吟友**…詩を詠みかわす友人。頼山陽を指す。　○**瓶**…煎茶をいれるための急須。茶瓶《ちゃへい》、茶銚《ちゃちょう》ともいう。　○**焙茗**…茶葉を弱い火であぶる。「茗」は、茶の芽つまり茶葉をいう。　○**邇時**…その時。「爾時」に同じ。　○**寄在**…寄せている。ここでは、懐かしい思いを烟に寄せている、の意。「在」は、動作・行為が及ぶ範囲を示す用法であり、この句では思いを寄せる対象が煙であることを示している。　○**霏霏**…煙がたなびく様。　○**一縷烟**…ひとすじの糸のように立ち上る煙。

【詩式】　七言絶句。下平声第一「先」韻で、川・煎・烟が韻を踏む。

竹田は、詩の前書きにおいて、「物在《ものあ》りて人亡《ひとほろ》ぶの感に勝《た》う能《あた》わず（物は残っているが人はもういないという感慨で、たえきれない思いであった）」と思いつつ、終日山陽遺愛《いあい》の茶器を用いて喫茶したと書いている。「物在りて人亡ぶ」の句は、唐の李頎《りき》の詩「題盧五旧居」中の「物在りて人亡び　見期《けんき》無し」という句にちなむ。李頎の詩は旧知の住んでいた邸宅を訪れて、そこに暮らしていた人の痕跡を目にして、その不在を哀しむ内容となっており、竹田は山陽遺愛の茶器を前にして、自然とこの詩を思い返したのである。

茶器は残っていながら、それを愛用していた人は死去してしまったと感慨深く書き記した竹田も、この二年後には世を去ったのである。

2　母は已に七旬　児は半百――吉野の花見

四八歳　文政一〇年（一八二七）

山陽は、再び母とともに吉野に遊んだ。叔父杏坪も同行し、にぎやかな旅となった。山陽の作（あるいは福岡の儒者二川相近《ふたがわすけちか》作ともいわれる）として知られる、「花より明くる

みよしのの　春のあけぼの見渡せば　もろこし人も高麗人《こまびと》も　大和心《やまとごころ》になりぬべし」という今様《いまよう》さながらの風景を堪能《たんのう》したことであろう。その折に詠んだ詩三首の中から一首目と二首目とを見ておこう。

遂奉遊芳埜　三首之一　（遂《つい》に奉《ほう》じて芳埜《よしの》に遊《あそ》ぶ　三首の一）

前度尋春花已闌　前度《ぜんど》　春《はる》を尋《たず》ねしとき花《はな》は已《すで》に闌《たけなわ》なり

今来暖雪照人顔　今来暖雪《こんらいだんせつ》　人《ひと》の顔《かお》を照《て》らす

十年纔補平生缺　十年纔《じゅうねんわず》かに補《おぎな》う　平生《へいぜい》の缺《けつ》

奉母重遊芳埜山　母《はは》を奉《ほう》じて重《かさ》ねて遊《あそ》ぶ　芳埜山《よしのやま》

【現代語訳】　先に春をさがしてここをたずねたとき、花はすでに満開で盛りを過ぎていた。このたび来てみると桜は人の顔を照らさんばかりに明るく咲いている。一〇年経ってやっとこさ常日頃の孝養の不足を補うことができ、母上をお連れして再び吉野山に遊ぶことができた。

【注釈】 ○**遂奉遊芳埜**…山陽一行が吉野を訪れたのは、三月二〇日のこと。 ○**前度**…文政二年四月に母を伴い吉野に花見に訪れたことをいう。前回は時期をいささか逸《いっ》して花が少なく、そのため二度目の訪問となった。145頁を参照のこと。 ○**闌**…真っ盛りであること。ここでは、その盛りを少し過ぎた時期をいう。 ○**暖雪**…桜の花びらをいう。無名氏「桜花詞」に「滋賀の浦荒れて暖雪《だんせつ》を翻《ひるがえ》し、奈良の都古《ふ》りて紅霞簇《こうかむらが》る」とある。 ○**十年**…以前に訪れた時からおおよそ一〇年ということ。

【詩式】 七言絶句。上平声第一四「寒」韻の闌と上平声第一五「刪」韻の顔・山とで通韻《つういん》する。

同　三首之二　（同　三首の二）

侍輿下阪歩遅遅
鶯語花香帯別離
母已七旬児半百
此山重到定何時

輿《よ》に侍《じ》して阪《さか》を下《くだ》るに歩《あゆみ》 遅遅《ちち》たり
鶯語《おうご》花香《かこう》 別離《べつり》を帯《お》ぶ
母《はは》は已《すで》に七旬《しちじゅん》 児《こ》は半百《はんぱく》
此《こ》の山《やま》 重《かさ》ねて到《いた》るは定《さだ》めて何《いず》れの時《とき》ぞ

【現代語訳】 駕籠《かご》の側に付き添って坂を下ってゆく、その足取りはゆっくりしたものだ。鶯の鳴き声や香《かぐわ》しい桜の花に名残《なごり》惜しい気持ちを抱《いだ》く。というのも母親はもはや七〇歳で子である自分は五〇歳、この吉野山にふたたび遊びに来られる日はいったいいつだろうと思うからだ。

【注釈】 ○**鶯語**…ウグイスの鳴き声。唐・白居易《はくきょい》の古詩「琵琶行」（『古文真宝前集』所収）に、「間関《かんかん》たる鶯語　花底《かてい》に滑《なめ》らかなり」とある。　○**花香**…香しい花の香。ここでは特に桜の花の香をいう。中国では「花香鳥語《かこうちょうご》」として、通俗小説などで春真っ盛りの情景を表現する際にしばしば用いられる。例えば、『鏡花縁《きょうかえん》』第九八回に「四面に也《ま》た人烟《じんえん》の来往《らいおう》有り、各処に花香鳥語、頗《すこぶ》る盤桓《ばんかん》たるべし」とある。

【詩式】 七言絶句。上平声第四「支」韻で、遅・離・時が韻を踏む。

この吉野での花見を、三宅青軒は『頼山陽』の中で、次のように描いている（図版41参照）。

一目千本《ひとめせんぼん》の桜今を盛りと咲き乱れて、雪の如き樹《こ》の下《もと》に、携《たずさ》えし莚毛氈《ござもうせん》など布《し》きならべ、母を程よきところに坐《ざ》せしめ、おのれ其側《そのそば》に侍《はべ》りて、割籠瓢《わりごふくべ》の酒宴《さかもり》、花片《はなびら》の山風に閃《ひら》めきて、ちらちらと盃に散り入る景色の、美くしもまた優しきに、母はホタホタと喜び笑い、「わらわ少《わか》き頃より花を愛して、一度は芳野の桜見たしと願い居りしに、今は望みも遂げぬ。久太郎そなたの志、いと嬉し」と言えば、久太郎が生涯現《あら》われざりし喜びの色、此《この》時ばかりは顔面に溢るるばかりにして、「おッ母様《かさま》の其《その》お言葉、たとえばわたくしが太政大臣《だじょうだいじん》になったよりも嬉しゅう御座《ござ》ります」と言いしとか。

（三宅青軒『頼山陽』第四回）

【図版41】　吉野花見図
三宅青軒著『頼山陽』（東京博文館、明治26年刊）の口絵より。

山陽の得意満面《とくいまんめん》な様子が目に見えるかのようである。また、大都市大坂の町衆の娘であった梅颸は、山陽と行楽地を経《へ》めぐりながら、ようやくかつての娘時代の物見遊《ものみゆ》山《さん》のたのしみを思い出しつつあったのではないだろうか。

3　我を待ちて遺編を託す――菅茶山の死

四八歳　文政一〇年（一八二七）

大変な恩義をこうむりながらも、それを仇《あだ》で返すことになってしまった人である菅茶山は、文政一〇年八月一三日に八〇歳で病歿した。危篤《きとく》の一報を受けて、山陽はすぐに神辺《かんなべ》に向かって旅立ったが、その死に水をとることはかなわなかった。

問菅翁病、不及而終。賦此志痛　四首之一
（菅翁《かんおう》の病《やまい》を問《と》い、及《およ》ばずして終《おわ》る。此《これ》を賦《ふ》して痛《いた》みを志《しる》す　四首の一）

治装忙上路　装《そう》を治《おさ》めて忙《いそが》しく路《みち》に上《のぼ》り
聞病遠関心　病《やまい》を聞《き》きて遠《とお》く心《こころ》に関《かん》す
暮宿追星見　暮宿《ぼしゅく》　星《ほし》の見《あらわ》るるを追《お》い

宵征送月沈
吾行雖意憚
父執念恩深
冀及少間日
猶陪微酔唫

宵征《しょうせい》 月《つき》の沈《しず》むを送《おく》る
吾《わ》が行《おこな》いの意《い》に憚《はばか》ると雖《いえど》も
父執《ふしゅう》の恩《おん》の深《ふか》きを念《おも》う
冀《こいねが》わくば少間《しょうかん》の日《ひ》に及《およ》び
猶《な》お微酔《びすい》の唫《ぎん》に陪《ばい》せんことを

【現代語訳】 旅支度《たびじたく》をして急ぎ出発したが、病気が重いと聞き遠く離れているので気にかかってしようがない。星が出るのを追いかけるように日が暮れてから宿《やど》をとり、月が沈むのを見送るように夜のうちに出発した。私の行いには先生にお目にかかるには気がひけることもあるのだけれども、父の友人としての恩愛《おんあい》の深さが思われるのだ。私はねがう、先生の病気が快方に向かい、さらにはほろ酔い気分で詩を詠《よ》まれるまでになった、そのお側《そば》にいられればなあと。

【注釈】 ○**問菅翁病〜賦此志痛**…連作四首の第一首 文政一〇年八月一三日歿。享年八〇であった。○目と二首目を取り上げた。菅翁は、菅茶山。茶山は **不及而終**…間に合わず亡くなった。山陽が茶山の死に間に合わなかったことをいう。○**治装**…旅の準備をする。旅支度をする。○**暮宿**…夜の宿《やど》り。ここでは日が暮れてから宿に入る意を表す。唐・劉《りゅう》希夷《きい》の詩「江南曲」に、「暮《くれ》に宿る　南洲《なんしゅう》の草、晨《あした》に行く　北岸《ほくがん》の林」とある。○**宵征**…夜歩き。ここではまだ夜のうちに出発する意を表す。早立ち。東晋・陶淵明《とうえんめい》の詩「勧農」に、「桑婦《そうふ》は宵征し、農夫は夜宿《やしゅく》す」とある。○**意憚**…気がひける。廉塾《れんじゅく》に都講《とこう》として迎えられながら、一年餘にして辞去、上京してしまったことを指す。65～68頁参照。○**冀**…ねがう。こうあればよいのになあ、と強くのぞむ意。○**少間**…病気が少しよくなること。「間」は、病気が癒える、よくなるの意であり、この場合は仄声で読む。○**微酔唫**…酒に少し酔って詩を詠む。「唫」は、「吟」に同じ。

【詩式】　五言律詩。下平声第十二「侵」韻で、心・沈・深・唫が韻を踏む。なお、第七句目の四字目は平声であるべきところが、仄声（注釈に記した通り「間」は仄声）となっており破格である。

同　四首之二　（同　四首之二）

聞病趨千里　病《やまい》を聞《き》きて千里《せんり》を趨《はし》り

中途得訃伝　中途《ちゅうと》に訃伝《ふでん》を得《え》たり

不能同執紼
顧悔晩揚鞭
旧宅柳依約
空幃灯耿然
傷心臨没語
待我託遺編

同《おな》じく紼《ふつ》を執《と》る能《あた》わず
顧《かえり》みて悔《く》ゆ 晩《おそ》く鞭《むち》を揚《あ》げしを
旧宅《きゅうたく》 柳《やなぎ》は依約《いやく》
空幃《くうい》 灯《ともしび》は耿然《こうぜん》
心《こころ》を傷《いた》ましむる臨没《りんぼつ》の語《ご》
我《われ》を待《ま》ちて遺編《いへん》を託《たく》すと

【現代語訳】 病気重しと聞いて長い道程《みちのり》を急いだが、途中で茶山先生の訃報《ふほう》を受け取った。みなとともに葬儀に参列することもできず、振り返って出立《しゅったつ》の遅きを悔いた。旧宅の柳はしょんぼりと立ち、人気のないとばりを灯火《ともしび》が明るく照らしている。私の心を悲痛にさせるのは、先生臨終《りんじゅう》の言葉。私に遺稿をまかせたいとおっしゃったとは。

【注釈】 ○**趨**…急ぎ駆けつける。 ○**訃伝**…訃報。茶山死去を伝える知らせ。伊藤靄谿『山陽遺稿詩註釈』は、「死去報知の飛脚。伝は伝馬の伝」と注する。 ○**執紼**…葬儀に参列する。「紼」は棺《ひつぎ》を載せた車を引く綱のこと。○**揚鞭**…馬に入れる鞭をふりあげる意から、旅立ち・出発をいう。○**柳**…廉塾門前の柳はかつて山陽が植えたものであるという。山陽の文化一一年作の詩に、「廉塾に過《よ》ぎる。村舎門前の柳樹、是れ余が曽《かつ》て栽《う》えし者」と題する七絶がある。○**依約**…しょんぼりとした様子。○**空幃**…人気のないとばり。○**傷心**…心をいたませる。心を悲しくさせる。○**待**…～したいの意。白話的な用法で、文言の「欲」に近い意味を表す。○**託遺編**…山陽に遺稿《いこう》の校刊《こうかん》をまかせたこと。この後、天保三年に山陽の序を附した『黄葉夕陽村舎遺稿《こうようせきようそんじゃいこう》』が刊行された。

【詩式】　五言律詩。下平声第一「先」韻で、伝・鞭・然・編が韻を踏む。なお、第五句目が、四字目の孤平《こひょう》（柳《仄》依《平》約《仄》）となっている。

山陽としては、「遺稿をまかせる」という茶山の臨終の言葉に救われたことであろう。これまで「意憚」（一首目）ところを茶山に対しては持ち続けてきたのであるが、この一言によって山陽はこれまでの自分の茶山に対する行為が許されたと感じたものと思われる。だからこそ彼は、心置きなく茶山の死に涙することができたのだろう。連作の四首目では茶山みずからが植えた草木や飼育したアヒルやカモを目にして、「目に触るるもの皆な涕《なみだ》するに堪《た》えたり」と詠じられている（図版42参照）。

さて山陽は、茶山遺愛の形見分《かたみわ》けとして、その日頃用いていた竹の杖《つえ》を与えられた。これに関して、おもしろいエピソードが伝わる。木崎氏の名調子の文章で紹介しておこう。

ことし八月十三日、神辺の老先生菅茶山が歿した。山陽はその危篤を聞き京から馳《は》せ着いたが末期《まつご》の間に合わず、記念として遺愛の竹杖《ちくじょう》を乞《こ》い得て帰

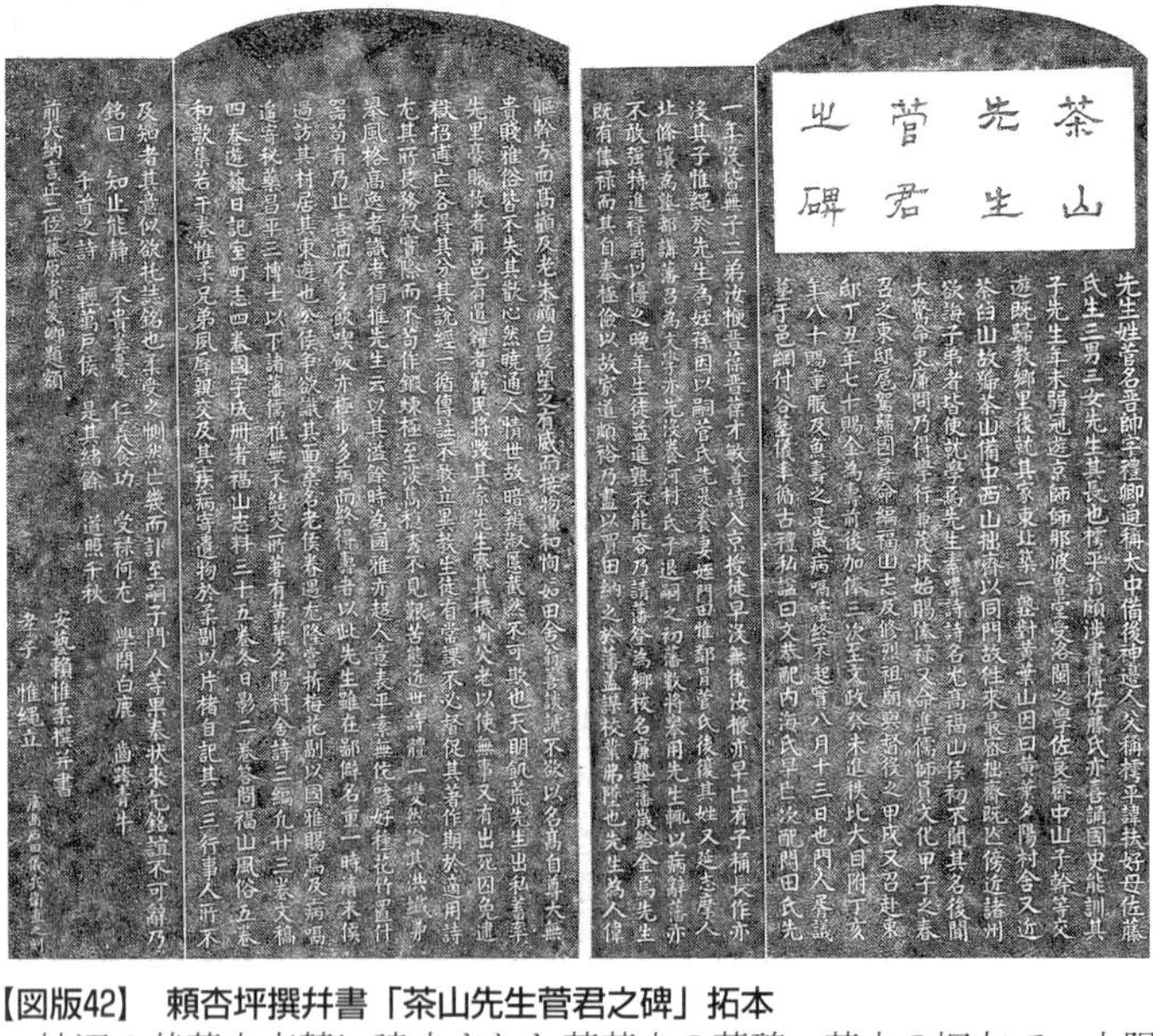

【図版42】 頼杏坪撰幷書「茶山先生菅君之碑」拓本
神辺の黄葉山東麓に建立された菅茶山の墓碑。茶山の旧友で、山陽の叔父である杏坪によって撰文された。広島県立歴史博物館所蔵。『菅茶山記念館第四回特別展 菅茶山と頼家の人々』（菅茶山記念館、1996年刊）より。

ったが、尼ヶ崎の渡し場でこれを失くした。外《ほか》ならぬ老先生の形見であるから、何《ど》うしても取返《とりかえ》したいと、大阪へ帰って、当時パリパリの盛名《せいめい》ある東町奉行所《ひがしまちぶぎょうしょ》の与力大塩平八郎《よりきおおしおへいはちろう》＝友人としての大塩中斎《ちゅうさい》に、其捜索方《そのそうさくかた》を依頼した。

（木崎好尚『頼山陽と其母』後編十九）

山陽と大塩中斎との交際は文政七年頃より始まっており、茶山遺愛の杖を失くして途方《とほう》に暮れた山陽がはたと思いついて、大坂与力である中斎に頼んで探してもらったのであろう。

その後、杖は無事に見つかり、京の山陽宅へ届けられたのであった。これを喜んだ山陽は「茶山老人竹杖歌」という古詩を作って中斎に贈った。文苑《ぶんえん》の佳話《かわ》というべきであろう。

4 此の福 人間 得ること応に難かるべし――五〇歳の子

五〇歳 文政一二年（一八二九）

山陽は、文政一二年春、広島に帰省。三月になって、母を伴い上京の途に就《つ》いた。そして、母とともに伊勢神宮《いせじんぐう》に参拝したり（図版43参照）、宇治・大坂に遊んだりした。冬に入ると、広島に帰る母を送って尾道《おのみち》まで足を伸ばした。

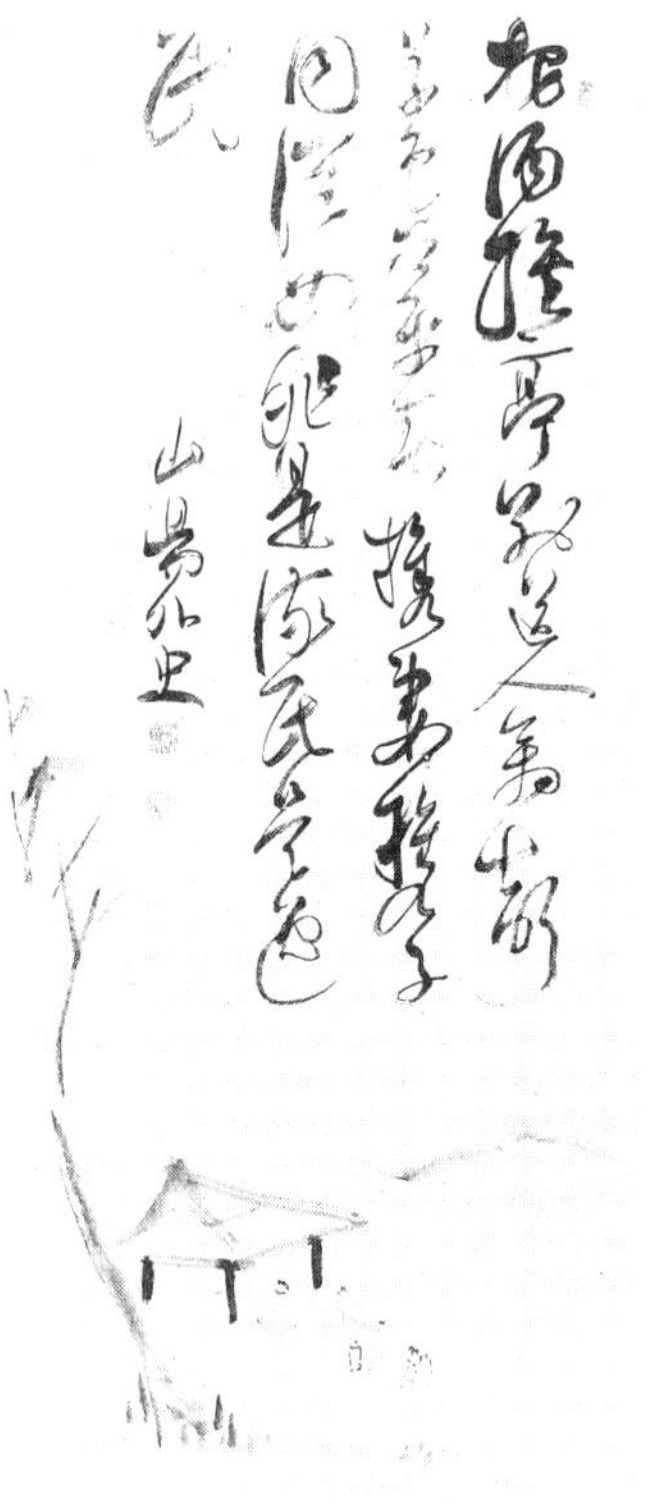

【図版43】 頼山陽書「別宴図」
伊勢詣でに出かける山陽一行を見送るために集まった諸氏と、蹴上の茶店で酒を酌み交わした際に揮毫したもの。この旅では母だけではなく、妻の梨影と息子又二郎（支峰）も同行した。徳富蘇峰『頼山陽』（大正15年、民友社刊）より。

送母、路上短歌

東風迎母来
北風送母還
来時芳菲路
忽為霜雪寒
聞雞即裹足
侍輿足槃跚
不言児足疲
唯計母輿安
献母一杯児亦飲
初陽満店霜已乾
五十児有七十母
此福人間得応難
南去北来人如織

（母《はは》を送《おく》る、路上《ろじょう》の短歌《たんか》）
東風《とうふう》　母《はは》を迎《むか》えて来《き》たり
北風《ほくふう》　母《はは》を送《おく》りて還《かえ》る
来《き》たる時《とき》　芳菲《ほうひ》の路《みち》
忽《たちま》ち霜雪《そうせつ》の寒《かん》と為《な》る
雞《にわとり》を聞《き》きて即《すなわ》ち足《あし》を裹《つつ》み
輿《よ》に侍《じ》して足《あし》　槃跚《ばんさん》たり
言《い》わず　児《こ》の足《あし》の疲《つか》るるを
唯《た》だ計《はか》る　母《はは》の輿《よ》の安《やす》きを
母《はは》に一杯《いっぱい》を献《けん》じ児《こ》も亦《ま》た飲《の》む
初陽《しょよう》は店《みせ》に満《み》ちて霜《しも》　已《すで》に乾《かわ》けり
五十《ごじゅう》の児《こ》　七十《しちじゅう》の母《はは》有《あ》り
此《こ》の福《ふく》　人間《じんかん》　得《う》ること応《まさ》に難《かた》かるべし
南去北来《なんきょほくらい》　人《ひと》は織《お》るが如《ごと》きも

誰人如我児母歓

誰《た》が人《ひと》か我《わ》が児《じ》母《ぼ》の歓《かん》に如《し》かん

［現代語訳］ 春の東風とともに母を京に迎え、冬の北風とともに母を送って広島に帰る。母が上京して来たときには香《かぐわ》しい花の咲く道であったが、たちまち時はうつり霜や雪の降る寒さとなった。ニワトリの声を聞く早朝に足拵《あしごしら》えをして、母の駕籠《かご》に付き添ってよろよろ歩きはじめた。子供が足の疲れを口に出したりはしない、ただ母親の駕籠が安らかであることを気にかけるだけだ。茶店で母にお酒を一杯差し上げてから子供もまた一杯、朝日は茶店いっぱいに差してきて霜も、はや乾いてなくなってしまった。五〇になる子供と七〇の母がいて、この幸福たるやこの世ではきっと得がたいものであろう。あちらこちらから行ったり来たりする人は頻繁《ひんぱん》であるが、誰がこの母と子の喜びにまさるものがあろうか。

［注釈］ ○**送母**…梅颸は一〇月二〇日に京都三本木《さんぼんぎ》の山陽宅を出発し、帰路に就いた。山陽はこれを送って広島まで同道した。梅颸もすでに何度も上京、そして帰郷という旅を繰り返しており、また山陽が広島まで同行することもあってか、それほど悲しくつらい別れではなかったようである。この折に詠ん

だ「三本樹を出るとて」と題する和歌に、「老《おい》ぬれどたびかさぬればわかれぢのくるしきまではおもはざりけり」とある。〇**迎母**…母を京に迎える。同年三月のことであった。〇**芳菲路**…香しい花の咲く道。〇**裏足**…足をつつむ意であるが、ここでは足袋《たび》や脚絆《きゃはん》をはいて足拵《あしごしら》えをすることをいう。〇**槃跚**…よろめき歩く。山陽みずからも年をとったことを表現する。〇**初陽**…朝日。出たばかりの太陽。〇**南去北来**…南北から去来する。「南北去来」を「南去北来」と言い換えたもので、こうした文章構造のものを互文という。「天地長久」を「天長地久」というの類《たぐい》。〇**如織**…頻繁なさま。

【詩式】古詩長短句。上平声第一五「刪」韻の還、と上平声第一四「寒」韻の寒・跚・安・乾・難・歓とで通韻《つういん》する。

5　水と梅花と隙地を争う——月ケ瀬

五二歳　天保二年（一八三一）

この年の二月に山陽は月ケ瀬《つきがせ》に遊んだ。二一日に京を発ち、二三日に梅花の咲き誇る月ケ瀬に到った。前日の雨は上がり、上着を脱ぐほどの暖かさとなった。しかしながら、雪が舞い散るかのような景色であった（図版44参照）。

月瀬梅花之勝、耳之久矣。今茲糾諸友往観、得六絶句　其之三

（月瀬梅花《げつらいばいか》の勝《しょう》、之《これ》を耳《みみ》にするや久《ひさ》し。今茲《いまここ》に諸友《しょゆう》を糾《あつ》めて往《ゆ》きて観《み》、六絶句《ろくぜっく》を得《え》たり　其の三）

傍水環村幾簇楳
高低相映尽花開
吾穿此雪肌何粟
出雪翻然入雪来

水《みず》に傍《そ》い村《むら》を環《めぐ》る幾簇《いくそう》の楳《うめ》
高低相映《こうていあいえい》じて尽《ことごと》く花開《はなひら》く
吾《われ》 此《こ》の雪《ゆき》を穿《うが》つに肌《はだ》 何《なん》ぞ粟《あわ》だたんや
雪《ゆき》を出《い》でて翻然《ほんぜん》として雪《ゆき》に入《い》り来《き》たる

【図版44】　宮崎青谷画「月瀬記勝挿図」
嘉永5年（1852）に刊行された斎藤拙堂『月瀬記勝』に附された、月ヶ瀬を描いた山水図の中から「竹陰待渡」と題する一葉。村田栄三郎『江戸後期　月瀬観梅漢詩文の研究』（汲古書院、2002年刊）より。

【現代語訳】　川に沿い村をめぐって、どれほどの梅が群生《ぐんせい》しているのであろうか。花はすべて開き、高い枝も低い枝も陽《ひ》の光のもと、あざやかに照りかがやいている。私はこの白雪《しらゆき》の中に入ってゆくが、どうして鳥肌《とりはだ》が立つことなどあろう。一つの白雪の中から出る

と、身をひるがえしてもう一つの白雪の中に入り、梅花を楽しんだ。

【注釈】○**月瀬梅花之勝**…月瀬は大和国添上郡《やまとのくにそえかみぐん》月ヶ瀬村で、名張川《なばりがわ》の渓谷に咲く梅花で名高い景勝地であった。斎藤拙堂《さいとうせつどう》の『月瀬記勝《げつらいきしょう》』によって、その名を文人墨客《ぶんじんぼくかく》に知られるようになった。同地と漢詩文とをめぐる詳細な研究に、村田榮三郎『江戸後期月瀬観梅漢詩文の研究』（汲古書院、二〇〇二年刊）がある。○**諸友**…同行した友人は小石元瑞、浦上春琴、細川林谷、小田百谷（別号、海仙）。附き随った門人は宮原節庵《みやはらせつあん》と関藤藤陰《せきふじとういん》。○**得六絶句**…連作六首のうち第三首目、四首目、六首目を取り上げた。○**傍水**…名張川に沿う。○**幾簇楳**…どれほどの梅が群生しているのであろうか。「簇」は、むらがること。「楳」は「梅」に同じ。○**高低**…高い枝に咲く花も低い枝に咲く花も。○**肌何粟**…肌にどうして粟を生じよう。どうして鳥肌が立つことなどあろうか。ここにいう「雪」は、白い梅花の比喩《ひゆ》であり、その白雪の中は本当の雪とは違って寒くないので、鳥肌など立たないという意。「何粟」を「何ぞ粟だつや」と訓んで、〝何と寒いことよ〟と詠嘆《えいたん》の意味で解釈するものもある。○**翻然**…身をひるがえす。

【詩式】七言絶句。上平声第一〇「灰」韻で、楳・開・来が韻を踏む。

同　其之四（同　其の四）

両山相蹙一渓明

両山《りょうざん》相蹙《あいせま》りて一渓《いっけい》明《あき》らかなり

路断游人呼渡行
水与梅花争隙地
倒涵万玉影斜横

路《みち》断《た》え　游人《ゆうじん》　渡《わたし》を呼《よ》びて行《ゆ》く
水《みず》と梅花《ばいか》と隙地《げきち》を争《あらそ》う
倒《さかしま》に涵《ひた》す　万玉《ばんぎょく》の影《かげ》の斜横《しゃおう》たるを

【現代語訳】　二つの山がせばまった渓谷は梅花で明るい。道のなくなった処で我ら文人墨客たちは渡守《わたしもり》を呼んで渓谷をわたった。川と梅花とが少しの土地を争いうばおうとするかのようだ。川の水面《みなも》には千万もの梅花が斜《なな》めに枝を張り出している姿がさかさまに写っている。

【注釈】　○**相蹙**…せばまる。　○**一渓明**…渓谷が梅花で明るい。花が咲くことで辺りが明るいという詩想は、南宋・陸游《りくゆう》の詩句「山重水複《さんちょうすいふく》　路《みち》無きかと疑い、柳暗花明《りゅうあんかめい》　又た一村」（「遊山西村」）中の「花明」あたりから得たものと考えられる。承句の「路断」もまた陸游詩句中の「無路」と相似《あいに》る。　○**遊人**…文人墨客をいう。ここでは山陽一行のこと。　○**渡**…川の渡守。船頭《せんどう》。　○**倒涵**…さかさまに沈む。ここでは、川岸の梅が枝を伸ばし、川の水面にさかさまに写っている様をいう。　○**万玉**…多くの玉の意であるが、ここではあまたに咲きみだれる梅花を形容する。　○**斜横**…梅の枝が斜めに張りだした様子。北宋・林逋《りんぽ》の詩「山園小梅」に「疎影横斜《そえいおうしゃ》　水《みず》　清浅《せいせん》」とあるに因《ちな》み、本来は「横斜」とあるべきところを押韻のため「斜横」と改めたもの。

【詩式】　七言絶句。下平声第八「庚」韻で、明・行・横が韻を踏む。

同　其之六　(同　其の六)

帯将清気卻帰家
在眼渓山玉絶瑕
非観和州香世界
此生何可説梅花

清気《せいき》を帯《お》び将《もっ》て卻《ま》た家《いえ》に帰《かえ》る
眼《め》に在《あ》る渓山《けいざん》　玉《ぎょく》　瑕《きず》を絶《た》つ
和州《わしゅう》の香世界《こうせかい》を観《み》るに非《あら》ずんば
此《こ》の生《せい》　何《なん》ぞ梅花《ばいか》を説《と》くべけんや

【現代語訳】　清らかな梅《うめ》の香《か》を身に帯びてまた家に帰って来た。眼底《がんてい》には月ケ瀬の渓谷や山に咲く梅花が玉にキズすらないものとして残っている。大和の、あの香世界を見たことがある者でなければ、この世でどうして梅花のことなど説くことができようか。

【注釈】○清気…清らかな気。ここでは梅花の清らかな香をいう。ことに梅はよろずの花に魁《さきが》けて咲き、その清らかな香の馥郁《ふくいく》たることが愛された。○帯将…おびる。身に着ける。用例があまり見いだせない語。○卻…また。ふたたび。白話《はくわ》的《てき》な表現。

○和州…大和国の雅称。○香世界…梅花が咲き乱れ清香にあふれる世界。すなわち月瀬の渓谷。唐・白居易《はくきょい》の詩「春日題乾元寺上方最高峰亭」に、「危《き》亭絶頂《ていぜっちょう》 四《よも》に鄰《りん》無く、見尽くす三千世界《さんぜんせかい》の春」とあるように仏教語の影響を受けた表現であろう。

【詩式】七言絶句。下平声第六「麻」韻で、家・瑕・花が韻を踏む。

6 存没茫茫 五十年——母との永訣

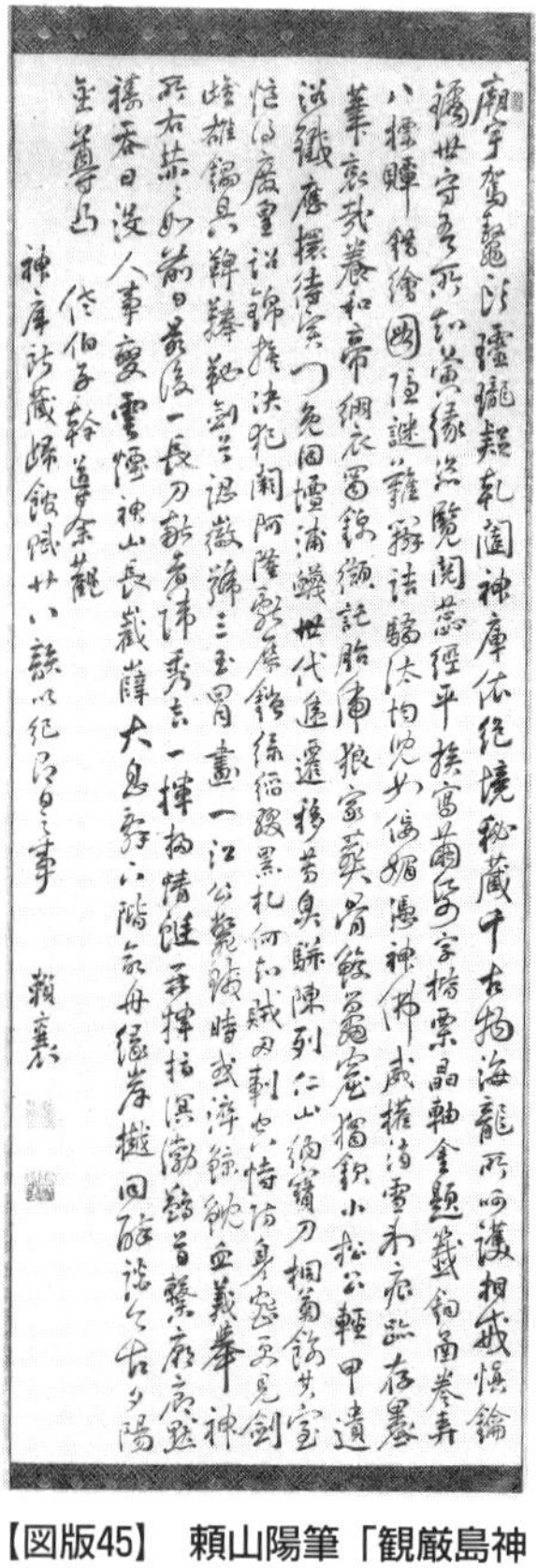

【図版45】 頼山陽筆「観厳島神庫」詩
厳島神社の宝物を拝見して作った詩。『山陽頼先生百年祭 記念遺墨帖』(頼山陽先生遺蹟顕彰会、昭和8年刊)より

山陽は、天保二年一〇月に広島に帰省、同一五日夜に母とともに厳島神社に向かって出発し、一八日（『全書』全伝では一六日）に参拝した（図版45参照）。その歳に詠じた一首を見ておく。

奉母游厳嶋。聞余生甫二歳、二親挈之、省大父、遂詣此　二首之一

（母《はは》を奉《ほう》じて厳嶋《いつくしま》に游《あそ》ぶ。余《よ》生《う》まれて甫《はじ》めて二歳《にさい》、二親《にしん》之《これ》を挈《たずさ》えて、大父《たいふ》を省《せい》し、遂《つい》に此《ここ》に詣《もう》ずと聞《き》く　二首の二）

幾回帰覲在江城　幾回《いくかい》か帰覲《ききん》し江城《こうじょう》に在《あ》り
仙嶋唯看黛色横　仙嶋《せんとう》　唯《た》だ看《み》る　黛色《たいしょく》の横《よこ》たわるを
松漏朝暉沙半湿　松《まつ》は朝暉《ちょうき》を漏《も》らし沙《すな》は半《なか》ば湿《しめ》る
維舟今日掖親行　舟《ふね》を維《つな》ぎて今日《こんにち》　親《おや》を掖《たす》けて行《ゆ》く

【現代語訳】　何度広島に帰省したことであろうか。厳島は海面に眉ずみを刷《は》いたように青緑《せいりょく》に横たわるのを見るばかりであった。島に来たれば、松の枝葉《えだは》から朝日がも

れ、濱《はま》の砂はまだ半ばは湿《しめ》っている。船を岸につないで参詣《さんけい》に向かったが、今日は私が母親を抱きかかえてゆくのだ。

【注釈】 ○**奉母游厳嶋**…一〇月一五日～一八日、母や親類とともに宮島《みやじま》の厳島神社に参拝した。 ○**大父**…祖父。当時、安藝国竹原にあった春水の父、亨翁《こうおう》。 ○**帰覲**…帰省する。天明元年、大坂より竹原へと帰省した両親に伴われ、山陽は厳島神社や岩国《いわくに》の錦帯橋《きんたいきょう》などを訪ねた。二歳とあるが、満年齢では生後半年ほどの頃であった。 ○**江城**…広島城のこと。伊藤靄谿『山陽遺稿詩註釈』は、「広島には河多し、故にいう」と説明する。あるいは、広島城のあった辺りを古くは「己斐浦《こいのうら》」といい、この「己斐《こい》」を「江《こう》」と称したか。ちなみに後には、「己斐」を「鯉」に当てるようになり、広島城は鯉城《りじょう》と呼ばれた。 ○**仙嶋**…厳島をいう。 ○**黛色**…眉ずみの色。青緑の島が海に遠く浮かぶ様子を喩《たと》えていう。唐・王維《おうい》の詩「崔濮陽兄季重前山興」に、「千里 横たわる黛色、数峰 雲間《うんかん》より出《い》ず」とある。 ○**朝暉**…朝日。 ○**掖**…脇から抱きかかえるようして助ける。

【詩式】 七言絶句。下平声第八「庚」韻で、城・横・行が韻を踏む。

同 二首之二 （同 二首の二）

抱我爺娘下海船 我《われ》を抱《いだ》きて爺娘《やじょう》 海船《かいせん》を下《お》る

当時襁負拝龕前
白頭母子重来詣
存没茫茫五十年

当時《とうじ》 襁《きょう》に負《お》われ龕前《がんぜん》に拝《はい》す
白頭《はくとう》の母子《ぼし》 重《かさ》ねて来《き》たり詣《もう》ず
存没茫茫《そんぼつぼうぼう》 五十年《ごじゅうねん》

【現代語訳】 かつては父と母が私を抱きかかえて船から下りたのだ。その当時、私は背負子《しょいこ》にせおわれ社前に参拝したという。それが白髪頭《しらがあたま》になった母と子とで、ふたたび参詣する。生きている者と亡くなった者とをへだてて、おぼつかない気持ちにさせるものだ、五〇年も月日が経てば。

【注釈】 ○**爺娘**…父と母。　○**襁**…子供をせおう、背負子《しょいこ》。　○**龕前**…「龕」は、神仏を安置する箱状のもの。厨子《ずし》。ここでは厳島神社の社前の意味で用いる。　○**白頭母子**…今や白髪頭になった梅颸、山陽親子。　○**重**…あらためて、ふたたび。再度。

○**存没**…生きている者（梅颸・山陽）と亡くなった者（春水）。　○**茫茫**…はてしなく、つかみどころがない。唐・杜甫《とほ》の詩「贈衛八処士」に、「世事《せじ》両《ふた》つながらに茫茫」とある。

【詩式】 七言絶句。下平声第一「先」韻で、船・前・年が韻を踏む。

まだ記憶もない幼子《おさなご》であった頃に、若き父と母とに連れて来られた観光地。ふたたび訪ねた時に、来たことの記憶すらもないのに、何やら懐《なつ》かしいような気持ちがするという体験は誰しもにあるのではなかろうか。既視感《きしかん》とともに、親に背負われた赤児《あかご》の姿の自分までが、フラッシュバックした映像のように山陽の脳裡《のうり》に想い浮かんだのであろう。そして、目を転ずると今や母も白髪となり、その母を気遣《きづか》う自分も白髪となっている。かつて自分を力強く抱きかかえてくれた父は、もうこの世にいない。まさしく五〇年という歳月が流れたのである。二首目の結句に、嫋々《じょうじょう》たる余韻《よいん》がある。

この宮島詣《みやじまもう》でが、山陽と母との最後の旅となった。木崎好尚は『全書』全伝にこの記事を書きとめた後に、こう結んでいる。

母子偕楽《かいらく》の最後の幕が、ここに閉じられたりしことを念《おも》い、さなきだに、たどたどしき筆の運びの、今更に進み難きを奈何《いか》にすべき。

（木崎好尚『頼山陽全書』全伝・天保二年条）

この旅の後、山陽は母と別れて上京の途に就《つ》いた。その際に詠《よ》んだ詩が、次の作である。

別母（母《はは》に別《わ》かる）

強舎行杯拝訣還
寧能仰視阿娘顔
万端心緒憑誰語
付与潮声櫓響間

強《し》いて行杯《こうはい》を舎《す》て拝訣《はいけつ》して還《かえ》る
寧《なん》ぞ能《よ》く仰《あお》ぎ視《み》ん　阿娘《あじょう》の顔《かお》
万端《ばんたん》たる心緒《しんしょ》　誰《たれ》に憑《よ》りてか語《かた》らん
付与《ふよ》す　潮声櫓響《ちょうせいろきょう》の間《かん》

【現代語訳】　無理にでも別れの杯《さかずき》をおいて、お暇《いとま》を乞《こ》う挨拶《あいさつ》を申し上げて帰路についた。しかし、どうしても母上のお顔を仰ぎ見ることはできなかった。このさまざまな思いを誰にむかって話せばよいのか。波の音や櫓《ろ》のきしみのするあたりにくれてやった。

【注釈】○**別母**…山陽が、広島の港で母と別れた日を、『全書』全伝は一一月三日とする。伊藤靄谿『山陽遺稿詩註釈』は、「此《こ》れが母子今生《こんじょう》の別れであったのだ。虫が知らすとでもいうものか、余程《よほど》別れが辛かったらしい」と記している。○**舎**…下におく。やめる意。○**行杯**…杯をやりとりすること。漢語としては、曲水《きょくすい》の宴《えん》で流れに杯を浮かべることをいう場合が多い。新日本古典文学大系『菅茶山 頼山陽詩集』では、「旅立ちの際の酒杯」とする。○**拝訣**…目上の人に敬意を払って別れを告げる。お暇乞いを申し上げる。○**阿娘**…阿嬢に同じ。61頁の【注釈】参照。○**万端心緒**…さまざまな思い。「万端」は種々さまざまの意。「心緒」は、心・思い。「緒」は思いのみちすじの意で用いられ、「情緒」も同じ用法の熟語。唐・白居易《はくきょい》の詩「禁中夜作書与元九」に、「心緒万端 両紙に書し、封《ふう》せんと欲して重ねて読む 意遅遅たり」とある。○**憑**…他の対象にむかって頼む。○**付与**…与える。頼成一・伊藤吉三『頼山陽詩抄』では、「談して聞かせる。独り物思にふける意」とある。また、新日本古典文学大系『菅茶山 頼山陽詩集』では、「誰に向かってということもなしに船上の音にまぎらせる」と説明する。

【詩式】 七言絶句。上平声第一五「刪」韻で、還・顔・間が韻を踏む。なお、承句が下三連《しもさんれん》（阿娘顔）となっている。

息子は五二歳、母は七二歳。この日が永遠の別れの日であった。この後、梅颸は山陽歿後一〇年余りを生きて、天保一四年（一八四三）に亡くなった。享年八四であった。

7　吾に一腔の血有り——終焉

天保三年六月一二日、山陽は吐血《とけつ》した。数日これが続いた後、小康状態《しょうこうじょうたい》を得たが、七月下旬にふたたび血を吐いた。その間に作られた七言古詩が、以下の作（図版46参照）である。

患咳血、戯作歌　（咳血《がいけつ》を患《わずら》い、戯《たわむ》れに歌《うた》を作《つく》る）

吾有一腔血
吾《われ》に一腔《いっこう》の血有《ちあ》り
其色正赤其性熱
其《そ》の色正《いろまさ》に赤《あか》く其《そ》の性《せい》は熱《あつ》し
不能灑之明主前
之《これ》を明主《めいしゅ》の前《まえ》に灑《そそ》ぎ
赤光燦向廟堂徹
赤光《しゃっこう》燦《さん》として廟堂《びょうどう》に向《む》いて徹《てっ》せしむる能《あた》わず
又不能濺之国家難
又《ま》た之《これ》を国家《こっか》の難《なん》に濺《そそ》ぎ

【図版46】　頼山陽筆「患咳血戯作歌」詩
門人であった門田朴斎に書き与えたもの。『山陽頼先生百年祭 記念遺墨帖』（頼山陽先生遺蹟顕彰会、昭和８年刊）より。

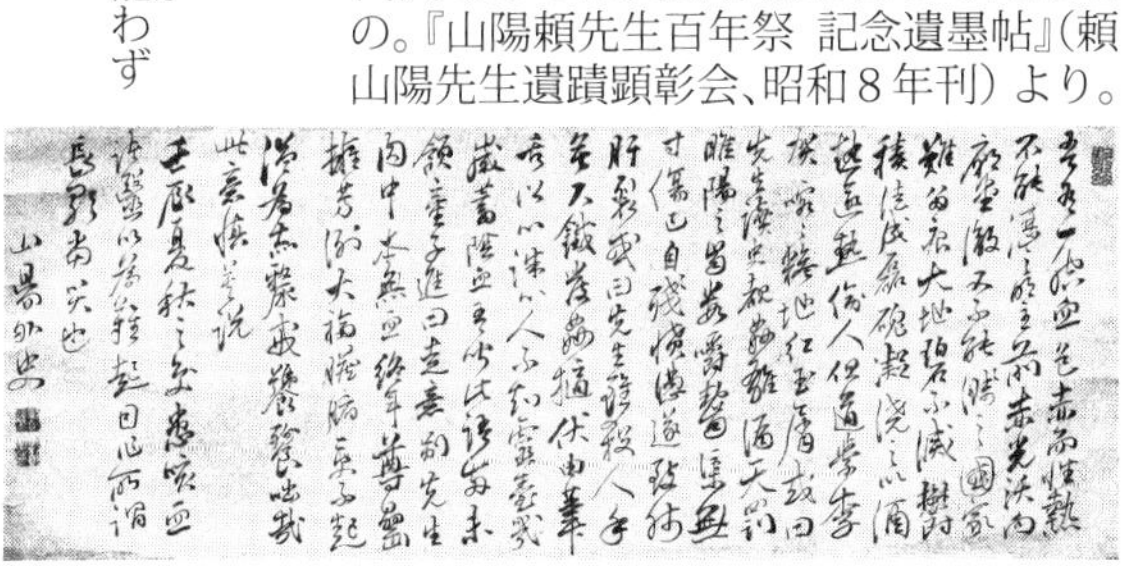

留痕大地碧弗滅
鬱積徒成磊塊凝
欲吐不吐中逾熱
一旦喀出学李賀
難収糝地紅玉屑
或曰先生閲史遭姦雄逭天罰
睢陽之歯輒嚼齧
渠無寸傷己自残
憤懣遂致肺肝裂
或曰先生殺人手無銕
発奸擿伏由筆舌
以心誅心人不知
霊台冥冥瀦陰血
吾聞此語両未頷

痕《あと》を大地《だいち》に留《とど》めて碧《へき》　滅《めつ》せざらしむる能《あた》わず
鬱積《うっせき》徒《いたず》らに成《な》りて磊塊《らいかい》凝《こ》り
吐《は》かんと欲《ほっ》して吐《は》かず　中《うち》　逾《いよ》いよ熱《あつ》し
一旦喀出《いったんかくしゅつ》して李賀《りが》に学《まな》べど
収《おさ》め難《がた》し　糝地《さんち》の紅玉屑《こうぎょくせつ》
或《ある》ひと曰《い》う　先生《せんせい》　史《し》を閲《えつ》して姦雄《かんゆう》の天罰《てんばつ》を逭《のが》るるに遭《あ》うや
睢陽《すいよう》の歯《は》　輒《すなわ》ち嚼齧《しゃくげつ》す
渠《かれ》は寸傷無《すんしょうな》くして己《おのれ》は自《みずか》ら残《そこ》ない
憤懣《ふんまん》　遂《つい》に肺肝《はいかん》の裂《さ》くるを致《いた》すと
或《ある》ひと曰《い》う　先生《せんせい》　人《ひと》を殺《ころ》すに手《て》に銕無《てつな》し
奸《かん》を発《あば》き伏《ふく》を擿《あば》くこと　筆舌《ひつぜつ》に由《よ》る
心《こころ》を以《もっ》て心《こころ》を誅《ちゅう》し　人知《ひとし》らず
霊台冥冥《れいだいめいめい》　陰血《いんけつ》を瀦《た》むと
吾《われ》　此《こ》の語《ご》を聞《き》き両《ふた》つながらに未《いま》だ頷《うなず》かず

童子進曰走意別
先生肉中本無血
腹中奇字僅可剟
賺得杜康争載酒
剣菱如剣岳雪雪
大福蔵府受不起
溢為赤漐戒饕餮
咄哉此意慎勿説

童子《どうじ》進《すす》みて曰《い》う　走《そう》が意《い》は別《べつ》なり
先生《せんせい》の肉中《にくちゅう》　本《もと》より血《ち》無《な》く
腹中《ふくちゅう》の奇字《きじ》　僅《わず》かに剟《けず》るべし
杜康《とこう》を賺《だま》し得《え》て争《あらそ》いて酒《さけ》を載《の》せしむ
剣菱《けんびし》は剣《つるぎ》の如《ごと》く岳雪《がくせつ》は雪《ゆき》
大福《だいふく》の蔵府《ぞうふ》　受《う》けて起《た》たず
溢《あふ》れて赤漐《せきし》と為《な》り饕餮《とうてつ》を戒《いまし》むと
咄哉《とっさい》　此《こ》の意《い》　慎《つつし》みて説《と》く勿《なか》れ

【現代語訳】　わたしの全身をめぐる血潮《ちしお》は、色は真《ま》っ赤《か》で、もともと熱い性質をもっている。しかし、この血を賢明な君主《くんしゅ》の面前に流して、そのまばゆく輝く赤い光を朝廷に向けてしみ通らせることもできない。さらにはこの血を国家の危難を救うために流し、その痕跡《こんせき》を大地に碧血《へきけつ》としてのこして不滅のものとさせることもできない。むざむざと鬱屈《うっくつ》した思いは石のような塊《かたまり》となり、吐き出そうにも吐き出せず体の中でますます熱くなっていった。そんなある日のこと、血を吐いて、唐の詩人李賀《りが》の古錦嚢《こきんのう》の故事に学ぼうとしたが、地面にまき散らした赤い玉の粒を、私はもう袋に入れ直すことはできなかった。ある人が、「先生は歴史書を読んで、ずるがしこい悪者が天罰をのがれることに出くわすと、そのたびごとに歯がみをして口惜しがる。彼《か》の悪者《わるもの》は傷一つ負うことはないが、先生はその身を自分で傷つけることとなり、心中のいらだちがそのまま先生の肺肝をやぶることになったのだ」という。さらに、ある人は、「先生は人を殺すのに手に武器を持たず、かくれた悪事や悪人をあばいて明るみに出すのに筆舌によるばかり。正義の心によって邪悪な心の罪をせめる先生の方法を人は理解せず、それでも先生は一心に努力したため、血がたまったのだ」ともいう。わたしは、この二人の意見を聞いたがどちらにも首肯《しゅこう》しなかった。そこに召し使っている子供が進みでて、「わたくしめの考えはことなっています。先生の体内にはもともと血があるのではなく、かろうじて腹の中には削《けず》り出すことができる非凡《ひぼん》な文辞《ぶんじ》があるばかり。それでも先生の腹の中の奇字のおかげで、酒造《さかづく》りの人をだまして先をあらそうように車に載せて酒を持ってこさせることができたのです。剣菱の剣のような切れ味と岳雪の雪のようなさわやかな美味しさとで、さしもの先生の福々《ふくぶく》しい臓腑《ぞうふ》であっても受けきれず、赤い血となってあふれて先生の飲み過ぎをいましめようとしているのです」と申し述べた。これこれ、そんな勝手な解釈は決して人に話してはならないぞ。

【注釈】　○**一腔**…全身。からだ全体。腔子《こうし》に同じ。○**廟堂**…朝廷。天子が廟堂で政治を執り行ったことによる。○**徹**…しみ通る。貫通する。新日本古典文学大系『菅茶山　頼山陽詩集』では、赤い血がしみ通るという表現の背後に、晋の嵆紹《けいしょう》が皇帝を護って戦死し、その血痕《けっこん》が皇帝の衣《ころも》に染《し》み着いたという故事（『晋書』嵆紹伝）があることを指摘する。後に触れる『佩文韻府《はいぶんいんぷ》』入声・九屑韻「血」には「嵆《けい》侍中血《じちゅうのち》」という語を挙げて、上記の挿話を載せている。よって、山陽が嵆紹の逸話を念頭において、この詩句を作った可能性は十分にある。○**碧**…血をいう。碧血ともいい、国家に対する忠誠心にあふれる血潮の意をあらわす。春秋時代周の人萇弘《ちょうこう》が、忠義な人ながら無実の罪で殺され、その血が三年後に碧玉《へきぎょく》に転じたという故事にちなむ。『呂氏春秋《りょししゅんじゅう》』孝行覧《こうこうらん》・必己《ひつき》に見える。唐・李賀《りが》の詩（「秋来」）に「恨血《こんけつ》千年　土中の碧」とあるのは、この用例。なお、先述の『佩文韻府』入声・九屑韻「血」には「萇弘《ちょうこう》血《けつ》」という語を挙げて、『荘子《そうじ》』外物《がいぶつ》を出典として右と同様の挿話を掲げる。○**磊塊**…石のかたまり。○**喀出**…吐き出す。ここでは喀血すること。○**学李賀**…李賀のまねをする。以下に記す、李賀の古錦嚢の故事にならうことをいう。二七歳で死んだ鬼才の詩人李賀は、外出のたびに召使いに古い錦の袋を背負わせ、詩ができると袋に入れて持ち帰り、夜中に推敲して詩を完成することが日課であった。母親は李賀の詠む詩の数が多過ぎることを怒って、「この子は心臓を吐き出すまで詩を作ることをやめないよ」といった。以上の故事は、唐・李商隠《りしょういん》「李長吉《りちょうきつ》小伝《しょうでん》」等に見える。　○**糝地**…地面にまき散らす。○**紅玉屑**…赤い玉の削りくず。残った小さな粒。吐いて飛散《ひさん》する血のしずくを象徴する。「玉屑」はもともと詩中の佳句の比喩として用いられるため、ここに身を削って心中の想いを吐き出すように作詩した李賀のイメージを重ね合わせる。　○**姦雄**…ずるがしこい悪者。悪知恵を働かせる、よこしまな者。○**逭**…災難などから逃れる。　○**睢陽之歯**…唐の張巡《ちょうじゅん》の故事。張巡は安禄山《あんろくざん》の乱に際して、睢陽《すいよう》を守備して賊軍と戦った。その戦いぶりは、「輒《すなわ》ち眥《まなじり》裂け面《おもて》に血ぬり、歯を嚼《か》みて皆な砕く」（『新唐書』張巡伝）という凄まじさであった。その死に臨んで敵を罵ってやまず、「悪鬼となってまでも、きさまら賊を殺してやる」と叫んで処刑された。そのため中国においては忠臣として敬われ、後には〝張元帥《ちょうげんすい》〟と呼ばれて道教《どうきょう》の神にまでなった。　○**嚼齧**…歯でかむ。ここでは口惜しさのあまり、歯がみをすること。切歯《せっし》に同じ。前注の張巡の故事を踏まえた表現。○**憤懣**…鬱屈した怒り。心の中にたまった、いらだち。　○**致**…そのような結果となること。あるいはその結果に導かれること。　○**肺肝裂**…肺肝をやぶる。北宋・蘇軾《そしょく》の詩「答王鞏」に、「中に李臨淮《りりんわい》有り、号《さけ》びて肝胆《かんたん》を裂《やぶ》らしむ」とある。　○**鉄**…武器。特に鉄製の刃物をいう。ここでは、俗にいう〝身に寸鉄《すんてつ》を帯びず〟という状態であることをいう。　○**発奸擿伏**…かくれた悪をあばいて、明らかにする。○**誅**…罪を責めて罰する。　○**霊台**…心。霊は、人の魂の意。　○**冥冥**…一つのことに専念して努力する。『荀子《じゅんし》』勧学《かんがく》に、「冥冥の志無き者、昭昭の明無し」とある。　○**瀦**…水分がたまる。ここでは鬱血《うつけつ》する意。　○**陰血**…血液。体内にあるため「陰」という。　○**走**…召使い。ここでは、召使いの童子が自称として用いる。拙者の意。　○**奇字**…非凡な文辞。ひじょうに優れた詩文の意。後出、「載酒」の注釈を参照のこと。　○**剟**…削り取る。「削」と同意であるが、ここでは押韻の都合で「剟」字を用いた。　○**賺得**…だますことができる。「賺」字を〝だます〟の意で用いるのは、いささか白話的な表現。○**杜康**…酒の醸造法を発明したという伝説上の人。酒そのものを指す場合もあるが、ここでは酒を醸造《じょうぞう》する人の意。なお、わが国で酒の醸造家を「杜氏《とうじ》」というのは、この人に由来するともいわれる。　○**載酒**…酒を車で運ぶ。漢の揚雄《ようゆう》が病気で職を免ぜられた時、酒と肴《さかな》を車に積んで教えを乞いに行った者が、揚雄より『太玄経《たいげんけい》』『法言《ほうげん》』について教えを授かったという故事（『漢書』揚雄伝下）にちなむ。後に「載酒問奇字」として成語化した。　○**剣菱**…伊丹《いたみ》の銘酒《めいしゅ》。山陽はこの酒をことのほか好み、「山陽先生行状」にも「酒は皆な伊丹の醸、尤も剣菱と号する者を愛す」と記されている。剣菱の蔵元は、山陽と知友であった坂上桐陰《さかがみとういん》であった。　○**岳雪**…揖斐高『頼山陽詩選』に拠れば、これも伊丹の酒で「白雪」のことであるという。　○**大福**…福々しい。○**蔵府**…はらわた。臓腑に同じ。蔵の意味でもあるので、物をたくさん入れておくことができる倉庫の意でもある。　○**受不起**…体が受けきれない。「起」は、「不」字を伴って、その能力があるかどうか、あるいはそれに耐えきれるかどうかを表す用法。これも白話的な表現である。　○**赤漦**…赤い血。「漦」は、もともと龍の口からほとばしる泡沫《ほうまつ》の意。　○**饕餮**…飽食《ほうしょく》すること。北宋・梅堯臣《ばいぎょうしん》の詩「送裴如晦宰呉江」に、「飽食　餮を為さず」とある。　○**咄哉**…人を叱咤《しった》する声。あるいは舌打ちをする声。　○**慎勿**…決して〜してはならない。ゆめゆめ〜するな。

【詩式】　七言古詩。入声第九「屑」韻の血・熱・徹・滅・熱・屑・齧・裂・銕・舌・血・別・血・剟・雪・餮・説と入声第六「月」の罰（第一一句目末）とで通韻《つういん》する。

この詩は長さもあり（二七句、一九五字）、もとづく故事（典故《てんこ》）も多く、山陽最後の大作と称してよいものである。死に至る病という自覚があったものと思われ、まだ体力のあるうちに凝《こ》った長歌《ちょうか》を作っておこうと考えたのであろう。そのため山陽は、小石元瑞に『佩文韻府《はいぶんいんぷ》』入声・九屑韻の巻の借用を懇願《こんがん》している。『佩文韻府』は、清の康熙帝《こうきてい》の勅命によって編纂された韻書《いんしょ》。詩文中に用いられた典故のある古雅《こが》な語句について、出典・用例が掲げてあり、押韻の便宜を考えて韻ごとに分類がしてある。山陽が、元瑞から同書の入声・九屑韻の巻を借りたのは、右の古詩が「屑」で押韻するからにほかならない。つまり、山陽は『佩文韻府』を調べることによって、自分の詩に典故のある雅趣《がしゅ》あふれる詩語を用いようとしたのである。実際に山陽は、注釈に引用した「嵇侍中血」や「萇弘血」で触れた通り、『佩文韻府』を活用しており、この詩に対する意気込みがここに読みとれる。後に、この詩を書いて知人に贈った、その末尾に山陽は次のように書き添えている。

壬辰夏秋《じんしんかしゅう》の交《こう》、喀血《かっけつ》を患《わずら》う。群医《ぐんい》 以《もっ》て起《お》き難《がた》しと為《な》し、因《よ》りて喀血歌《かっけつか》を作《つく》り、

聊《いささ》か以《もつ》て自《みずか》ら遣《や》る。所謂《いわゆる》長歌《ちょうか》は当《まさ》に哭《こく》すべき者《もの》なり。読者《どくしゃ》　哭《こく》するか、抑《そもそ》も咲《わら》うか。

（頼山陽「自書咳血歌後」）

深刻で真面目《まじめ》なことであるからこそ笑い飛ばそうとする、山陽の洒脱《しゃだつ》さとセンシティブな感情が「読者　哭するか、抑も咲うか」という一文に、よくあらわれている。また、「哭」とは、死者を悼《いた》んで大声で泣く儀礼《ぎれい》の意でもあるので、ここに死の予感がつづられていることもまた明らかであろう。

九月九日、重陽《ちょうよう》の佳日を迎えた。中国では古来、この日に小高い岡や山に登って家族で酒食を楽しむ、「登高《とうこう》」という風習があった。また、この日は菊の節句ともいわれ、菊花を酒に浮かべて飲んだり、あるいは茱萸《しゅゆ》の枝を頭に差して、邪気《じゃき》を払う魔除《まよ》けにするなどの風習もあった。そんな物見遊山《ものみゆさん》びよりの佳日に、山陽は外出もせず、病床にあった。死の影はさらに色濃くなっていた。

重陽（重陽《ちょうよう》）

山妻買菊対牀斜
知是重陽到我家
一病因循猶不死
今年又及看黄花

山妻《さんさい》菊《きく》を買《か》い牀《しょう》に対《たい》して斜《なな》めなり
知《し》んぬ是《こ》れ重陽《ちょうよう》の我《わ》が家《や》に到《いた》るを
一病因循《いちびょういんじゅん》猶《な》お死《し》せず
今年《こんねん》又《ま》た黄花《こうか》を看《み》るに及《およ》ぶ

【現代語訳】 妻が菊の花を買って来て、寝床のななめに飾った。そこで我が家にも重陽の節句の日がやってきたことを知った。病気はどっちつかずで、まだ死にもせず、今年もまた黄色い菊の花を見るにいたった。

【注釈】 ○**山妻**…142頁の〔注釈〕参照。妻の梨影をいう。○**牀**…寝台。中国の詩ではベッドをいうが、日本漢詩では多く寝床の意で用いられる。○**因循**…ぐずぐずしていること。にえきらないさま。病気を擬人化していう。○**及**…いたる。「及」は、ある到達点にいたる意をあらわし、ここでは何とか菊を見るにいたったという意を表現する。○**黄花**…菊の別名。『礼記《らいき》』月令《がつりょう》を典拠とする。

【詩式】 七言絶句。下平声第六「麻」韻で、斜・家・花が韻を踏む。

詩は平明《へいめい》で、何のてらいもない。山陽はこの月の二三日に死去するので、もはやかなり衰弱《すいじゃく》もしていたことであろう。しかしながら、この一首には、妻梨影の心遣《こころづか》いに助けられ、病床にありながら静《しず》けくも、満ち足りた重陽が詠ぜられている。

さて、江木鰐水「山陽先生行状」は、鰐水自身が見た厳師《げんし》らしい最期《さいご》の姿を書くことで筆を終えようとする。それは、同日に猪飼敬所《いかいけいしょ》が山陽を訪ねた折のことであった。話は南北朝のどちらを正統とするかという問題に及び、山陽と敬所とは議論が噛《か》み合わなかった。鰐水はこの時、山陽の世話をするため側近《そばちか》くに仕《つか》えていたが、敬所が帰るや山陽は「北朝を正統とするならば、まさか新田義貞《にったよしさだ》や楠正成《くすのきまさしげ》達を乱臣賊子《らんしんぞくし》とするとでもいうつもりか」と大いに慷慨《こうがい》したという。その様子を行状は、「目張《は》り眉軒《あ》がり、其の慷慨激烈《げきれつ》、病《やまい》と雖《いえど》も衰えざるなり」と記す。鰐水は、山陽がこの後、死に至るまでのわずかな期間に正統論《せいとうろん》を執筆したのは、これが契機であるとも記す。この敬所との面会時に作った詩が残っているので、最後に見ておこう。

与敬所翁話別　二首之一（敬所翁《けいしょおう》と別《わか》れを話《わ》す　二首の一）

病遇重陽意不堪　病《や》みて重陽《ちょうよう》に遇《あ》い　意《い》堪《た》へず
羨君側帽向天南　君《きみ》を羨《うら》やむ　帽《ぼう》を側《かたむ》けて天南《てんなん》に向《むか》うを
黄花老日当帰到　黄花《こうか》　老《お》ゆるの日《ひ》　当《まさ》に帰《かえ》り到《いた》るべし
未死猶能抵掌談　未《いま》だ死《し》せずんば猶《なお》能《よ》く掌《しょう》を抵《う》ちて談《かた》らん

【現代語訳】たまたま病中に重陽の節日《せつじつ》をむかえ物思いにたえない。貴君《きくん》がうらやましい、旅に出て南の伊勢《いせ》に向かうなんて。黄色い菊の花が枯れてしまう日あたりに貴君はきっと帰ってくるだろう。もしまだ私が死んでいなければ、また手をたたいて語り合うことができるだろう。

【注釈】○**与敬所翁話別**…敬所翁は、猪飼敬所（一七八〇〜一八四五）。名は彦博、字は文卿。この日、伊勢国津藩《つはん》の藩校有造館《ゆうぞうかん》に向かうに際して、山陽に別れを告げに来たのである。「翁」と書いて敬意を表す通り、敬所は山陽の一九歳年長であった（図版48参照）。○**側帽**…帽子《ぼうし》をななめにかぶる。旅の途中の様子をいう。○**天南**…南の空。ここでは京から南の方角に当たる伊勢国津をいう。なお、押韻の都合で「南天」とせず、このように「天南」とした。○**黄花**…前詩の注釈（206頁）を参照のこと。

○**老日**…衰弱してしまう日。○**抵掌**…喜んで手をたたく。相手の手を執るの意もある。「抵掌《ししょう》」に同じ。

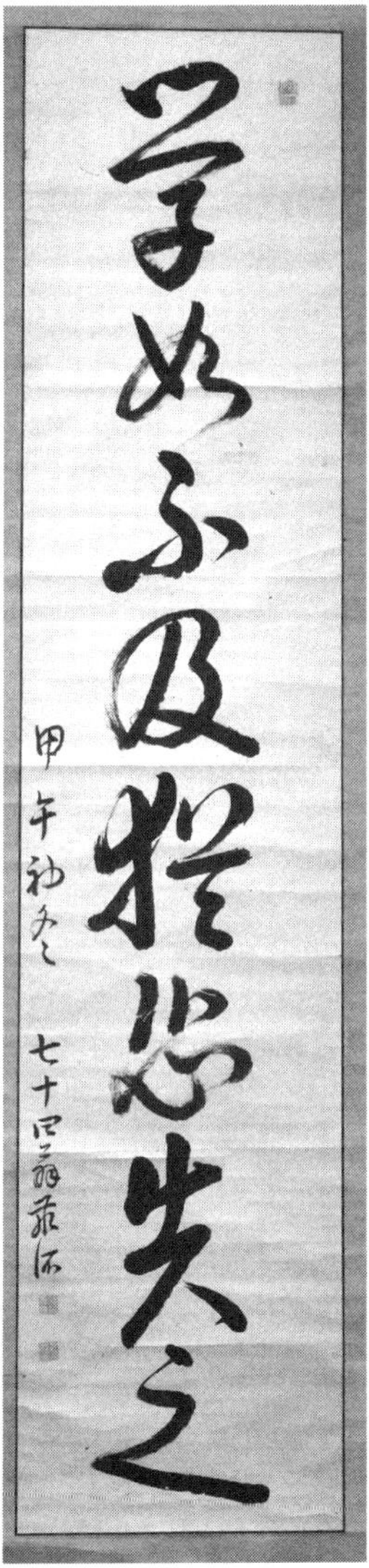

【図版48】猪飼敬所書「学如不及猶恐失之」一行　『論語』泰伯の語を書いたもの。款記に「甲午初冬、七十四翁敬所」とあって、これが天保五年（一八三四）に書かれたことがわかる。

【詩式】　七言絶句。下平声第一三「覃」韻で、堪・南・談が韻を踏む。

山陽は九月二三日に五三歳で死去した。その死に際して、山陽は「騒《さわ》ぐでない、ちょっと寝るだけだ」といって筆をおき、眼鏡もはずさず目をつぶった。すぐに体をゆすってみたが、すでに死んでいた、と鰐水の行状には書いてある。頼山陽は、まさし

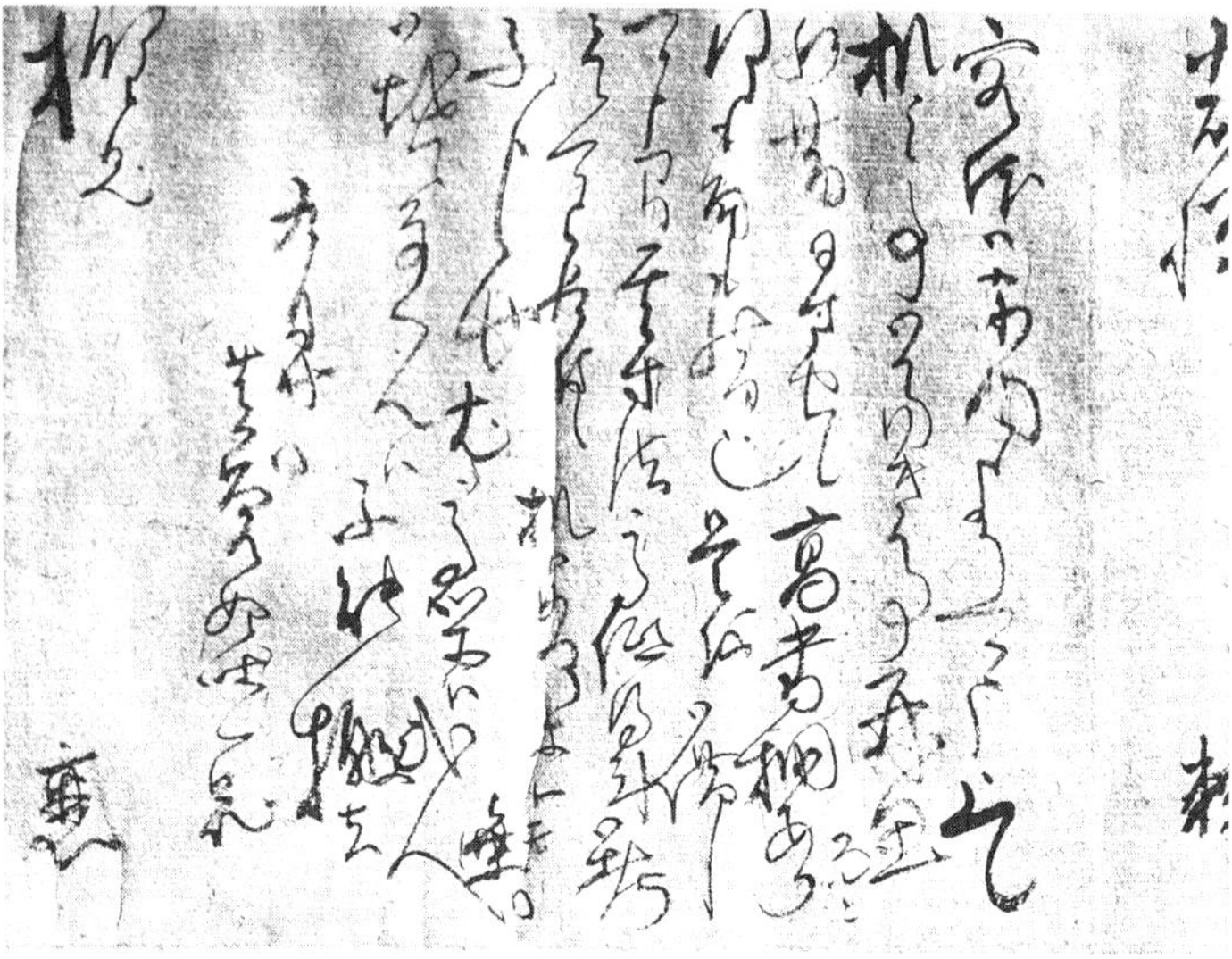

【図版48】 歿前三日の小石元瑞宛書簡
手紙の末尾に、「芙蓉始吐一花（芙蓉の花がやっと一輪咲きました）」とある。山陽は咲き初めた芙蓉の花一輪に送られて、あの世へと旅だったのである。徳富蘇峰・木崎好尚編『頼山陽書翰集』続編（民友社、昭和４年刊）より

く眠るように、あの世へと旅だったのである（図版48参照）。

おわりに――木崎好尚と頼山陽

木崎好尚《きざきこうしよう》（一八六五〜一九四四　図版49・50参照）の生涯をたどることは、すなわち山陽の研究史をたどることであるともいえる。そこで本書をおえるに際して、好尚の生涯を見ておきたいと思う。

木崎好尚は、慶応元年（一八六五）一一月二一日、大坂に生まれた。名は孝、字は士順、通称は愛吉《あいきち》。好尚はその号である。室名を惜不発軒《せきふはつけん》とも称した。好尚自身が以下のように

【図版49】　木崎好尚写真
好尚69歳の写真。耶馬渓の競秀峰を背景にして、ステッキをついてカンカン帽を被っているのが好尚。木崎好尚『耶馬渓の新景観』（耶馬渓鉄道株式会社、昭和８年刊）より。

述べる通り、生粋《きっすい》の浪華《なにわ》の人であった。また、その事が好尚を山陽研究に駆り立てる、モチベーションの一つともなった。

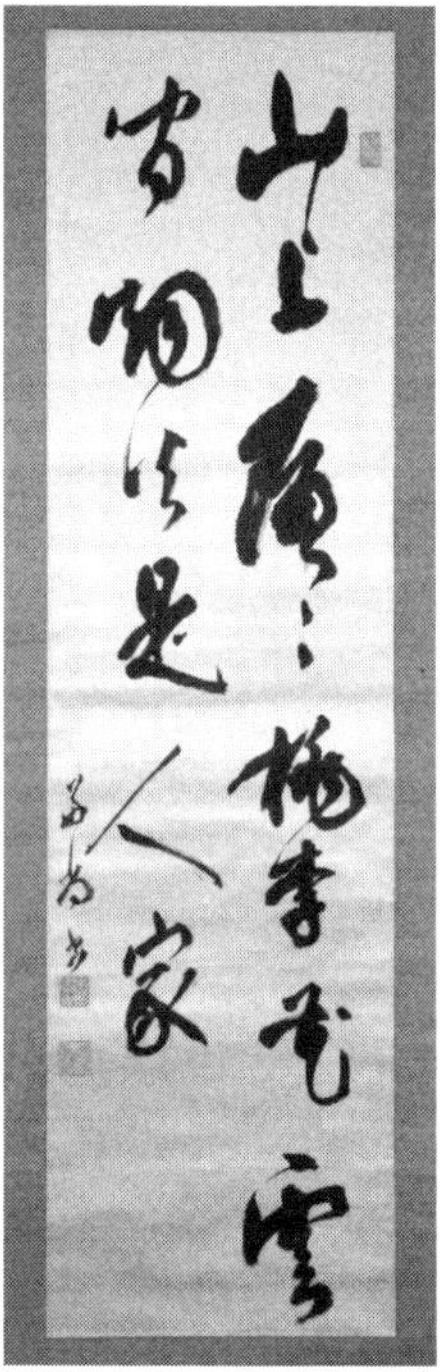
【図版50】 木崎好尚筆「山上層々桃李花 雲間烟火是人家」二行
唐・劉禹錫「竹枝詞」よりの二句を揮毫したもの。款記に「好尚書」とある。

私は先祖代々、根生《ねお》いの大坂土人として、ずっと以前に、そのひとりの二百年忌をつとめましたから、先ず花の元禄よりも早く住みつづけ、先祖の誰かは疑いなしに、西鶴《さいかく》の、近松《ちかまつ》の在りし昔を、その目で眺めて、一種の誇らしさを、土地の文化の上に感得《かんとく》していたであろうと、それを羨《うらや》ましく思うています。……（中略）……山陽は大坂に生まれ、父春水も少壮年期《しょうそうねんき》には、大坂に遊学して更に家塾《かじゅく》を開き、全く第二の故郷として、ここにその身を托《たく》し、一面《いちめん》、大坂で育った妻梅颸を迎えて、その家庭を形づくったことをおもえば、根生いの大坂人たる私としては、そ

の私情の上より更に郷土愛の感じから、頼氏に対して一脈、景慕《けいぼ》の深く、傾倒の濃《こま》やかなものあるを、何《ど》うすることも出来ないのです。

（木崎好尚『頼山陽の人と思想』第一章）

明治一〇年に大阪師範学校附属小学校を卒業し、第五中学校から師範学校へと進学。同校の漢文教授であった五十川訒堂《いかがわじんどう》（一八三五〜一九〇二）に師事した。訒堂は備後国《びんごのくに》福山《ふくやま》の人で、山陽門下の関藤藤陰《せきふじとういん》・森田節斎《もりたせっさい》に学び、その姉はやはり山陽門下の江木鰐水に嫁いだとあるので、生粋の山陽再伝《さいでん》の弟子と称してよい人である。訒堂は大阪府師範学校において、山陽の編著である『謝選拾遺《しゃせんしゅうい》』を用いて講義したという。好尚は明治三〇年（一八九七）に同門の諸士数名と相謀《あいはか》って訒堂の文集『竹雨山房文鈔《ちくうさんぼうぶんしょう》』を刊行し、その凡例に生前に文集を刊行することを好まない老師が職を辞して西帰《せいき》するに際して、門下生が師の草稿を持ち寄って本書を編輯《へんしゅう》したことを記しており、本書刊行の周旋役《しゅうせんやく》であった好尚と訒堂との親密な師弟関係を思わせる。後年の好尚の山陽研究の淵源《えんげん》は、この山陽門下直系の漢学者五十川訒堂との師弟関係にあったと解すべきであろう。好尚はそのあたりのことを、『頼山陽書翰集《らいさんようしょかんしゅう》』末尾の「稿後雑筆」においてて次のように述べている。

当年文壇の権威たりし「国民之友《こくみんのとも》」──その「国民之友」を主宰《しゅさい》さるる蘇峰《そほう》先生を中心に、山路愛山《やまじあいざん》・森田思軒《もりたしけん》等諸氏の間に、頼山陽が盛んに論評せられつつあったことは、異常に私の感興をそそらせた。それは、私の先師五十川訒堂先生が山陽門下の関藤藤陰に学ばれ、更に先生の令姉《れいし》が同門江木鰐水の夫人であり、又同じく森田節斎・塩谷宕陰《しおのやとういん》等頼門諸子に従游《じゅうゆう》されたという関係から、いつとはなしに山陽その人に就《つい》て、私淑《ししゅく》というではないが、何となく景慕の情に堪《た》えられなかったところへ、この山陽論が私の目前に展開されたからであった。

（木崎好尚「稿後雑筆」。『頼山陽書翰集』巻下所収）

明治二六年（一八九三）二九歳、大阪朝日新聞社に入り、以後記者としてその半生を過ごした。当時の大阪朝日新聞には内藤湖南《ないとうこなん》（一八六六〜一九三四）や西村天囚《にしむらてんしゅう》（一八六七～一九二四）など、今から思うに信じられない顔ぶれの社員を擁《よう》しており、その中で好尚もまたジャーナリストとして活躍したのである。この年の夏には上京し、八月末に国民新聞社を訪ねて徳富蘇峰と面晤《めんご》の機会を得、こえて九月には折しも上京中であった西村天囚の紹介で森田思軒とも面会するなど、山陽と好尚をつなぐ糸は切れることはなかった。

森田思軒もまた五十川訒堂門下であった。好尚の『頼山陽の人と思想』には以下のようにある。

奇縁と申せば、一ころ徳富蘇峰翁とおなじく、山陽研究に没頭した備中笠岡《びっちゅうかさおか》出身の、故森田思軒君も同じく、訒堂先生が、その土地に教授して居られた頃、従学された同窓の先輩でありました。君が京都の山紫水明処を、まだ見ていないというのに対し、私は折柄《おりから》、現にその遺跡を実見していたほやほやに、生《な》ま生《な》ましい記録をつづり、それを東京へ送稿《そうこう》したところ、早速《さっそく》「頼山陽及び其《そ》の時代《じだい》」の中に公《おおや》けにし、その後、間もなく東上した時、始めて未見の君に会い、そこで、自

分も五十川門下だという話を初耳《はつみみ》にしたわけでありました。

（木崎好尚『頼山陽の人と思想』第一章）

明治三一年に思軒が『頼山陽及其時代《らいさんようおよびそのじだい》』を刊行したことに刺激《しげき》され、山陽の伝記資料の蒐集《しゆうしゆう》を始め、同三八年に『家庭の頼山陽』を、さらに同四四年には『頼山陽と其母』を刊行した。『家庭の頼山陽』の中で、「自白す、余は高度の山陽熱患者《さんようねつ》たり」と書いて、山陽熱に感染した病人のようになった好尚は、以来ますます山陽研究に熱中してゆくようになる。

大正三年（一九一四）、五〇歳にして大阪朝日新聞社を退職した後は日本金石学《きんせきがく》の研究に従事し、『大日本金石史《だいにほんきんせきし》』（大正一〇年刊）三巻によって帝国学士院賞《ていこくがくしいんしよう》を受賞した。その研究の傍ら山竹会《さんちくかい》、山陽会を主宰し、頼山陽、田能村竹田に関する調査・研究を積極的に行い始め、同一五年一月、かねてから山陽の書翰を蒐集していた徳富蘇峰のもとで、光吉元次郎《みつよしもとじろう》とともに『頼山陽書翰集』編纂《へんさん》に着手した。本書は昭和二年に民友社《みんゆうしや》より刊行されたが、光吉元次郎は刊行を見ることなく前年夏に急逝《きゆうせい》した。この後も書簡の整理は好尚によって継続され、続編が翌々年に刊行された。好尚は、山陽の書簡を読むこと「二三千通の夥《おびた》だしきに及んでいる」（木崎好尚「『山陽と竹田』の創刊」）という程の没頭ぶりであった。また、昭和六年から雑誌『山陽と竹田』を淳風書院《じゅんぷうしょいん》より刊行し、主筆として筆を揮《ふる》った。この創刊号（昭和六年一月一日刊行）の冒頭において、好尚は次のように述べる。

私は、頼山陽と田能村竹田との上に、言い知れぬあこがれを持つ。而《しか》も両家は、相知《あいし》り相信《あいしん》じ、終生耐久《たいきゅう》の親交を結び、そこに切り離すことの出来ない関渉《かんしょう》の深きものがある。最近、蒐集《しゅうしゅう》し得たる限りの根本資料に拠《よ》りて、拙著『大風流田能《だいふうりゅうたの》村竹田《むらちくでん》』の刊行を了《おわ》り、更に他日の完備を期する一方、本年の山陽百年祭を記念すべく、『頼山陽詩集』を輯注《しゅうちゅう》し、更に広島県に於ける「頼山陽先生遺蹟顕彰会」の嘱《しょく》により、全伝を始め、詩文全集、その他遺著の校勘《こうかん》に没頭しつつ、今や一わたりその業を卒《お》えんとするに際し、今一歩を進めて、両家本来の「人」と「業績」とに就き、考察的態度の見はなされざる執着に括《くく》りつけられている。

（木崎好尚『山陽と竹田』の創刊」。『山陽と竹田』第一巻・第一冊所収）

ここに、好尚が関わった、昭和に入ってからの山陽関係の重要な仕事が全て書かれている。なかでも『大風流田能村竹田』（図版51参照）が特筆すべき編著《へんちょ》の一つであり、今もなお竹田研究の重要な基礎資料としての価値を有するものである。山陽に関しての編著として『頼山陽詩集』（淳風書院、昭和五年刊）を挙げているが、これは自身が「全伝を始め、詩文全集、その他遺著の校勘に没頭しつつ」と記すように、この後に刊行された『頼山陽全書』（頼山陽先生遺蹟顕彰会、昭和六年刊）所収の詩集によって詩篇数が増補《ぞうほ》され、その内容は凌駕《りょうが》されることになる。

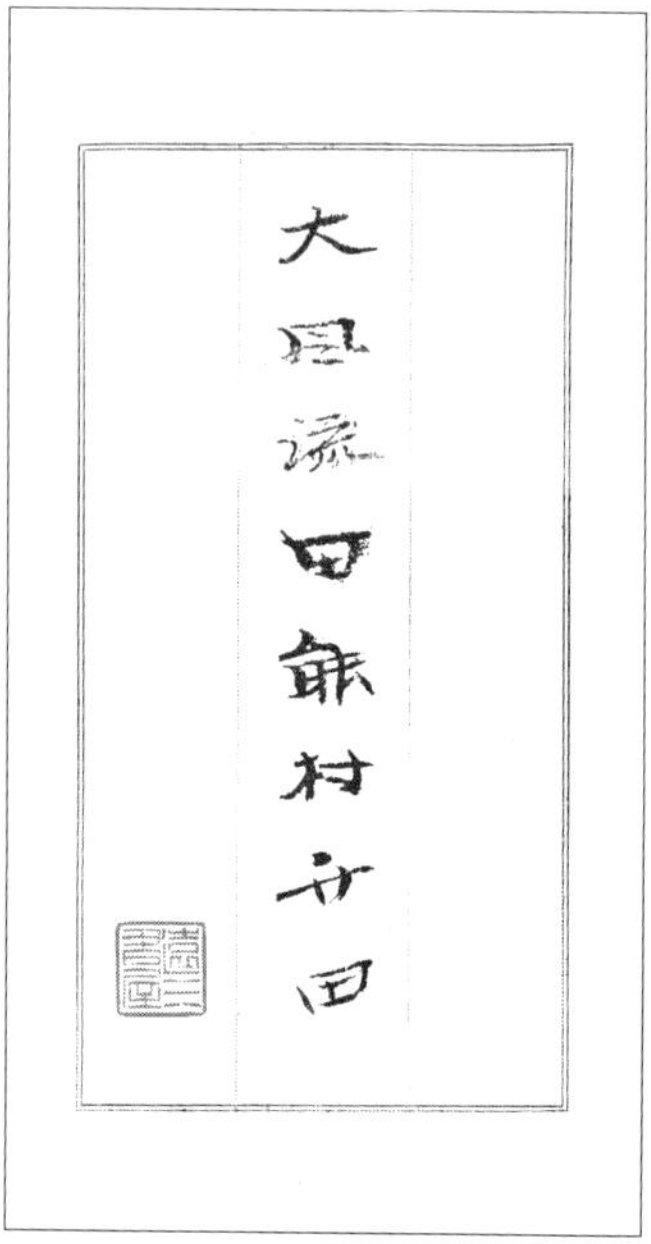

【図版51】 木崎好尚『大風流田能村竹田』
徳富蘇峰の序を附し、昭和4年（1929）に民友社より刊行された。ここに掲げたのは、本書の扉のページ。

また、好尚のいう「本年の山陽百年祭」は、山陽の歿後一〇〇年祭を指す。昭和六年のことであり、広島に設立された頼山陽先生遺蹟顕彰会によって、記念祭や展覧会等の山陽関係の行事が催された。その一環として、好尚による『百年記念頼山陽先生』（頼山陽先生遺蹟顕彰会、昭和六年刊）という書籍が刊行された。本書は、『頼山陽全書』の完成に先立って、その「全伝」の内容を要約する書として刊行されたものである。

『頼山陽全書』こそが好尚畢生《ひっせい》の大著ともいうべきものであろう。筆まめな人の多い頼氏一族は、詩文稿・書簡等の多量の文献資料を残している。それを能《あた》う限り読みこなし、年次ごとに整然と編集して成った「全伝」の存在があって、はじめて山陽の五三年の生涯は、すみずみまであますところなくわかるようになったのである。今から二〇〇年も前に九州を旅した詩人の足取りが、ここまで詳細にわかるのは、この好尚の業績あってこその奇跡なのである。

好尚は、この後も新伝記叢書中の一冊として『頼山陽』（新潮社、昭和一六年刊）というコンパクトな伝記や、『頼山陽の人と思想』（今日の問題社、昭和一八年刊）という研究書を刊行したりもしている。特に後者巻末の北字編に附された閲歴《えつれき》（年譜）は簡にして要を得たるもので便利がよい。また、山陽歿後の関連年譜も有益である。

晩年は京都賀茂大橋のたもとの望叡書楼《ぼうえいしょろう》に隠棲《いんせい》し、昭和一九年六月二四日に歿した。享年八〇であった。死ぬ前年の著書の中で、好尚は次のように語っている。

事実、私の思っているところでは、一個人の伝記資料を、山陽ほど無尽蔵《むじんぞう》に持ち合わせた古人、それは空前とも申すべきではあるまいかということです。それを十分に書きこなすことは、私どもの瘠腕《やせうで》ではだめなのです。けれども、そこは一つ、何とかして乗り切ってみたいと念じてやみません。

（木崎好尚『頼山陽の人と思想』所収の「はしがき」）

本書を終えるに際して、右の言葉に私は強い共感を覚える。〝何とかして乗り切ってみたい〟と私も念じつつ筆を執り続けた。果たして乗り切れたのかどうかは、大変におぼつかないが、ここに筆をおくことにする。

おぼえがき

平成二一年の春まだ浅き頃であったと記憶する。浅草の泥鰌屋で故大島晃先生（当時、上智大学教授）、W・J・ボート先生（ライデン大学教授）、私の三人で一つ鍋をつつきながら「親と子の東洋古典教室」日本版の企画について話し合った。その席上で、私が頼山陽を担当することに相成った。

そして、この本の大半を、オランダのライデンという古い大学の街で書いた。私は勤務する大学より在外研究を許され、オランダ最古の大学であるライデン大学が所蔵する漢籍調査を行うために平成二三年八月より一〇月末まで同地に滞在した。教会の鐘の音と鷗の啼声を聞きつつ凸凹の石畳が敷き詰められた細くて湿った裏路地を歩き、街中を縦横に走る水路にボートを走らせピクニックに興ずる人々を横目に、毎日大学の東アジア図書館に向かった。週末には東インド会社ゆかりの港町を訪ね、港湾に面したカフェで茶を啜りながら、山陽が長崎で目にしたオランダ船はここから出港したのではないかと夢想したりして過ごした。ゆったりとしたヨーロッパの空気を吸いながら、山陽の生きた江戸時代を追想するという作業は何とも楽しいものであった。

かくしてオランダにて約三ヶ月を費やして草稿を作成し、これを日本に帰国の後に推敲して一たび筆を擱くこととした。年は改まり平成二四年春弥生のことであった。

それ以来、諸般の事情から草稿が世に出ることはなく、コンピュータの中で眠り続けた。平成二七年一二月には、この企画の立案者の一人であった大島先生が逝去された。葬儀に参列して、内心忸怩たるものがあった。そこで、草稿の訂補を開始した。主に木崎好尚に関する部分を書き足して、再び筆を擱いた。時すでに平成二九年の初春が去ろうとしていた。

平成丁酉歳一月晦日深更に相模鎌倉山幽篁中なる遠水書屋に於いて題す

長尾　直茂

〔著者〕　**長尾直茂**（ながお　なおしげ）
昭和38年（1963）福岡県生まれ。上智大学大学院博士後期課程を単位修得のため満期退学。山形大学教育学部助教授を経て、現在は上智大学文学部教授。専門は中国古典学・日本漢学。

〔著書〕　新書漢文大系21『世説新語』（編著、明治書院）、『吉嗣拝山年譜考證』（勉誠出版）他。

MY古典　頼山陽のことば

平成二十九年七月二十一日　初版印刷
平成二十九年七月二十八日　初版発行

著　者　長尾直茂

発行所　（公財）斯文会
東京都文京区湯島一―四―二五
電話〇三―三二五一―四六〇六

発売所　明徳出版社
東京都新宿区山吹町三五三
電話〇三―三二六六―〇四〇一
振替〇〇一九〇―七―五八六三四

印刷・製本／（株）明徳

　ISBN978-4-89619-765-5

刊行のことば

政治の混乱、経済の低迷、学校や家庭の崩壊等、今日わが国はかつてない憂うべき社会状況に陥り、人心の荒廃も目に余るものがあります。これは本を探れば、敗戦のショックから正しい価値観を確立できず、自分の利益だけを優先し、人はどう生きるのが正しいかを考える心を失った結果といえます。

私どもは、古来日本人の精神を築き上げてきた儒教を主とした古典の意味を見直し、これを人間教育の拠り所とすべきであると考え、東洋思想の普及に努力してまいりました。しかし、先人たちが遺した貴重な古典も、残念ながら古典教育の軽視から、このままでは読むことも理解することも不可能な時代となってきました。

このような時、私どもは東洋思想の真の姿を後世に伝えるという使命の重大さをいよいよ痛感し、私たち日本人にとって大切な東洋の古典を選び、その中からかなめとなることばを抽出し、易しく解説した本を刊行することにいたしました。

家庭で学校で、子供たちとともに本書をお読みいただき、これを日常生活に活かし、幸せな家庭、ひいては二十一世紀の輝かしい日本を創る一助としていただければ幸いです。